开启创新基因

如何在最饱和的市场找到破局之路

ビジネスモデル思考

既存ビジネスから「イノベーション」を生む7つの視点

[日] 山田英二 ————— 著

殷国梁 ————— 译

后浪出版公司

四川人民出版社

前　言

　　本书的宗旨在于，启发那些在闭塞的日本企业里终日忙碌的人们，帮助他们在新环境中发现新的价值，并深入思考"创新"这件事。

　　在此，我使用的"创新"一词，是指熊彼特提出的"生产要素的重新组合"，即从瞬息万变的环境中，发现创造新价值的机遇，重新建构自己的商业形态。

　　例如，随着互联网的普及，零售行业不得不重新认识自身的商业形态。这并非只是单纯地将实体店铺改为网店，而是必须重新探讨店铺的形态（功能、规模等）。

　　不过，催生创新的契机，并不仅限于IT等最新技术。还有另一种可能，即密切关注顾客喜好的变化，用前所未有的方式来提供并没有什么特别之处的商品或服务，这样也能提供新的价值。

　　本书以"商业模式"作为关键词，来探讨上述创新过程。

　　最近，"商业模式"一词被用于各种场合，相关主题的书籍也随处可见。

　　但是，本书对这个词的用法稍有不同。本书中的商业模式意味着"思考的层面",将"商业模式"的概念作为具有独特个性的机制,在当今环境的大背景下,统观一直运营至今的业务,重新审视其所处的地位。因此,本书的最大特征是将商业模式与其所处的外部环境结合起来进行探讨,同时这也是本书的目的所在。

本书旨在"设身处地地考虑创新"。在论述方式上,由第1部分的理论篇与第2部分的案例篇两部分构成。

第1部分探讨了现代商业人士最常陷入的思维惯式。

哈佛商学院诞生以来的一个多世纪里,企业规模日趋庞大,组织的管理方式也随之不断发展。此外,还确立了以分工和专业化以及目标管理为核心的"管理"制度,在经营战略、会计财务、人事组织、生产管理、市场营销等各个领域设计出众多管理方法。

虽然这一点本身令人赞叹,但在另一方面,作为分工和专业化的弊端,企业组织也由此陷入了难以根据环境做出改变的困境。本书第1部分的理论篇将从整体上阐述商业所处地位和存在形态。

本书第2部分将对在商业模式创新中获得成功的企业案例进行介绍。不过即便知道了其他行业或者企业获得成功的商业模式,成功的创新也仍旧只是别人的事,据此找到本企业创新的可能性并非易事。

而且,即便是获得了成功的企业,也很少是从一开始便建立起目前的商业模式的,大部分案例都是在所处环境当中不断试错,最终才获得的成功。所以在环境已经改变的今天,类似的成功是不可能再现的。

　　因此，在介绍成功案例时，与结果本身相比，我更侧重于考察其获得成功的过程、经营者的思维方式，以及使其成功成为可能的"新现实"等背景。

　　或许会有些令人意外，但通过深度考察成功案例，我们可以发现，创新其实是在日常工作的过程中产生和发展起来的。能否注意到创新的契机，并作出适当的反应，归根结底要取决于人们的思维方式，即如何理解创新，以及关注哪些现象。只要稍微变换视角便会发现，眼前的工作中就蕴藏着产生巨大变化的可能。

　　近年来，"创新"一词频繁成为人们关注的焦点。其实，在近代历史中，自从工业革命之后，大规模的创新曾经数度惠泽人类社会，每次都推动社会形态发生了巨大变化。在被称为ICT革命（信息通信技术革命）①的今天，我们分析今后的创新趋势时，回顾以往的创新历史具有重要意义，可以从中获得大量的启示。本书第1部分概述了创新的生命周期，在这一过程中介绍了我在哈佛商学院学到的知识，包括已故的小艾尔弗雷德·钱德勒教授名为"管理资本主义的到来"的近代管理史课程和理查德·罗森布鲁姆教授"技术基础上的竞争策略"课程的相关内容，以及赫伯特·西蒙博士关于蒸汽机的论文和保罗·戴维博士有关电动机的论文。

——————
①　ICT为信息、通信和技术三个英文单词的首字母组合，是信息技术与通信技术相融合而形成的一个新的概念和新的技术领域。——编者注（后文如未特别注明，均为编者注）

在创新带来的新技术、新产品或服务得到普及之后，人们的生活和意识都会发生改变，新事物诞生之前旧时代的生活会被逐渐淡忘。

不久以前，还没有汽车导航系统时，人们开车曾经是依靠坐在副驾驶座位上的人一边查看地图一边导航的。然而这个记忆也已经远去，如今再被要求做相同的事，人们只会不知所措。此外，在没有互联网检索的时代，学生们都跑到国会图书馆去查找资料，如今想来甚至觉得有些好笑。但是，当时没有其他方法，做梦也不会想到如今这般便利社会的到来。

企业的成功案例也是如此，一旦得知它已经获得了成功，人们就会陷入一种错觉，认为这是理所当然的、是计划之内的必然结果。认知科学将这种错觉称为"后见之明偏差"（Hindsight bias）。在现实的商业世界中，挑战前所未有的新事物，就如同在无尽的黑暗中摸索前进，会遇到许多失败或偶然的发现。

迄今为止，我已经在职场打拼了三十余年，一直从事与创新相关的工作。例如在新日本制铁公司提高原有业务效率，企划及开发新业务；在波士顿咨询公司（BCG）制定并协助实施业务战略，扶持新业务开发；以及在索罗斯私募基金和格鲁夫国际合伙人公司参与业务重组等。在这些工作中，我目睹了很多企业的成功与失败。事后回想，我经常会有"如果当时更努力这样做就好了"的感慨。后来在三菱UFJ研究咨询公司工作一段时间以后，我来到现在的凯捷咨询公司（Capgemini），其间一直以为各类企业提供咨询服务的形式，参与业务的企划和开发。

　　本书介绍了大量案例，其中大部分直接来自与我有工作关系的人士，我在金泽工业大学社会人员研究生院讲授"挑战及管理高级课程"时曾经编入教材，为了在本书中使用，又重新做了整理。

　　我所选择的案例不一定全是最新的，但都经过严格甄选，富有启发意义，能够从不同于以往的角度来阐释"商业模式"的内涵。

　　本书将"商业模式"理解为连接环境和企业的接口。因此，除了商业模式的内部要素，本书更多地关注了外部环境，在内外关系当中对固有的商业模式所产生的价值进行定位。以本书介绍的视角来"俯瞰"业务，读者可以发现在之前未曾注意到的全新创意。不过，在社会不断产生的巨大变化中，单个企业能够独自实现的事情有限。相关行业也在同时变化，也可能会有新的产业从中崛起。因此最重要的是，敏锐地觉察到环境的变化，并根据变化灵活调整自己的位置和结构。

　　哈佛商学院的克莱顿·克里斯坦森教授被誉为世界最高水平的战略创新大师，他曾经指出："重划行业版图的颠覆性创新，是不会从那些拥有优秀管理者和优秀员工的优秀企业中产生的。"

　　如果您所从事的业务现在正面临困境，那么这或许能成为革新的契机。如果本书能够帮助读者获得全新的视角，并由此产生新的发现，这将是我莫大的荣幸。

山田英二

目　录

PART 1 理论篇

·—— 重新认识"商业模式"

CHAPTER 01

是什么阻碍了创新

01 是时候考虑"我们应该做什么"了

■ 别再为"错误的问题"而忙碌

最近，随着互联网的普及，人们可以随意地免费获取洪水般的信息。年轻一代中订阅报纸的人越来越少，书籍和杂志的销量也呈下滑趋势。另外，由于亚马逊等新型销售渠道的扩张，原有书店今后也将面临严峻形势。2011年2月，占美国市场份额第2位的连锁书店鲍德斯集团陷入经营困境，提交了破产申请。

假设在这种经营困难的状况下，某地方连锁书店的经营者来向经营顾问寻求帮助，一脸严肃道出自己的心里话："我公司现有店铺的营业额全都在下降，已经陷入经营困境。因此，请您教教我，如何才能提高现有店铺的营业额？"此时，如果你是一位经营顾问，将如何回答呢？

其实，我曾经向攻读管理学的研究生以及年轻的顾问们提出过这个问题，他们很快就提出了一些研究方法和对策。例如，分析业绩好的店铺的店长工作方法和店铺管理情况，在所有店铺中推行；开展竞争对手调查，学习对手的优点；引入积分制，确保稳定的客源；还有收集畅销商品信息、增加商品种类，等等。

也就是说，大家的提议都是遵循所谓的营销定式，踏踏实实地改善具体的运营方式。然而，这些方法究竟有多大意义呢？也许做了总比不做要好，但究竟能够产生多少值得今后持续期待的效果呢？即便一直进行这些改善，也无法改变书店面临的严峻的供求环境这个结构性问题。

在书籍和杂志销量下降，新型网络渠道抢夺市场份额的情况下，想要恢复过去的销售额这一意图本身就存在问题。

也就是说，以原有商业模式为前提，"应该如何提高其完成度（提升效率、增强效果）"这种解决问题型的提问方式已经过时，人们现在需要探讨更高维度的问题，即思考"在环境骤变的状况下，目前的商业模式具有多大意义，应该如何进行改变"。

众所周知，已经有人做了各种尝试，如Village Vanguard以书店为基础确立了新的经营形态，代官山的茑屋书店因同时开设咖啡馆而人气大增。除了书店行业之外，许多领域都面临着同样的问题，其中应该也有不少企业在为"错误的问题"而忙碌。

02　笼罩发达国家的"闭塞感"和对创新的渴望

■■ 当"断舍离"成为流行语

很多人说，现代是一个"商品不好卖的时代"。经常有企业抱怨"生产了新商品，却几乎无人购买"。此刻手捧本书的诸位当中，想必也有不少人因自己参与的商品或服务未能如预期般畅销而烦恼吧。有人将这一现象归因于通货紧缩导致的经济萧条。的确，经济不景气导致收入越来越少，人们就无法购买心仪之物。事实上，在经济泡沫破灭后的日本，家庭平均收入一直呈减少趋势。

也有人认为原因在于日本社会的少子、高龄化发展趋势。另外，也有人分析认为，非正式员工的增加导致名义工资下降也是原因之一。还有人持以下观点，即IT的进步及工厂向新兴国家迁移等带来的就业机会的减少也是其中的一大原因。但是，真的应该将需求萎缩视为商品滞销的原因吗？在长达20年的经济停滞期间，智能手机、平板电脑等数码产品迅速普及，谷歌、脸书、乐天等互联网企业实现了惊人的飞跃。此外，现实世界里，在属于结构性萧条行业的服装行业，也有迅销集团实现了令人瞩目的成长。当然，在"断舍离"因物质过剩而成为流行语的社会，企业要在成熟市场中把商品卖给聪明的消费者的确不是一件容易的事情。

另一方面，供给侧也存在不少问题。例如，毫无活力地延续旧模式，拼命推销过剩的品质和功能的加拉帕戈斯现象①，或者只知一味降价的通货紧缩型商业模式。

图1-1显示的是，主要耐久性消费品的普及率。该图显示了日本社会走向富裕的过程。例如，在20世纪50年代，被称为"三种神器"的黑白电视机、洗衣机和电冰箱是人们憧憬的对象。到了20世纪60年代，彩色电视机、空调和汽车被称为"3C"②，是富裕生活的象征。不过如图1-1所示，此类商品的普及率已经达到了过去难以企及的水平。

后来，彩色电视机开始向大型平板电视的方向发展。随着20世纪90年代雷克萨斯的问世，汽车行业也由"迟早开上皇冠车"阶段转为进一步追求高档化发展。不过，最近不买车的年轻人越来越多，汽车行业又逐渐转为向缩小尺寸的方向发展。如本田公司也将

---

① 加拉帕戈斯是距离南美大陆约1000公里的火山群岛，这里的动物以按照自己固有的特色进化而闻名。"加拉帕戈斯现象"沿用了这个特征，主要指某种产业或者产品只在某国国内占有较大市场份额，并尽量排斥掉其他同类产品市场份额，形成孤立市场的现象。
② 这三种商品的英文名称均以字母C开头。

图1-1 耐久性消费品的普及率

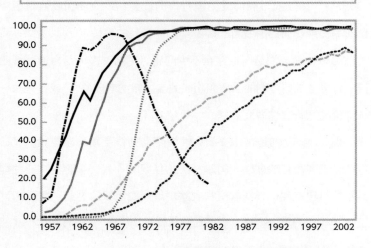

资料来源：日本内阁府《消费动向调查》。

业务核心转移到N-BOX等轻型汽车。

　　特别是在2008年金融危机之后，消费内容发生了很大变化。不同年代消费者的金钱观也发生了不小的改变。例如，假设买彩票中了10万日元，经历过经济泡沫的人们一般会豪爽地把这笔钱一口气花光，他们认为"存钱"的想法是很没气魄的。但是没有经历过泡沫经济的一代人则会对此做出完全相反的决定。

■ 我们已经"丰衣足食"

衣服以及鞋类的情况也一样。打开衣橱和鞋柜，我们会发现里面塞满了大量的衣服和鞋子。"今天不去商店买，明天就没有衣服穿"的人，至少在现代的日本，应该是属于少数派。在我小时候，穿着带有破洞的衣服会很难为情，可如今的时代，人们却会为做旧的衣服额外花钱，特意将崭新的牛仔裤打出破洞。

食物方面也一样。在我小时候，西餐和寿司等都是令人憧憬的食物。然而如今，在家庭餐馆或者回转寿司店等大众连锁店都可以吃到这些食物，不再觉得有什么特别之处。另一方面，最近倒是薄煎饼或者蛋包饭等既简单又优质的食物更受到人们的喜爱。我乘坐新干线去外地出差，有时会在东京站买便当。其中名为"幸福便当"的日式便当就是最受欢迎的商品之一。里面有鲑鱼块、煮根菜、梅干、煎鸡蛋以及米饭。虽然只是简单的传统便当，但每一种食材都精挑细选，价格也不便宜。

在物质方面，我们已经拥有了很多。基本上，生活所需要的物质都很丰富。打个比方，现代的消费者就相当于尝遍美食而且也并不太饿的食客。为了吸引他们光顾餐厅，只靠单纯地调低原有菜品的价格，或者只是在表面额外加点装饰，恐怕很难勾起他们的食欲。

不过，在饮食文化方面，日本料理不仅被认定为世界遗产，而且据说在米其林认定的餐厅中，日本餐厅的数量也是最多的，日本饮食产业在全世界处于领先地位。不单是高级餐厅，就连拉面和咖喱等B级美食①也不例外。其中，一风堂拉面连锁店在纽约也获得了巨大成功。我为这些美食深感自豪，同时也为自己生在日本、长在日本而每天都感到幸运和感激。

为了维持日本饮食大国的地位，这个行业里的相关人士展开了旷日持久的努力和竞争。每年的拉面店排行榜都会让我们为之惊叹。因为排名前列的店家总是在激烈的竞争中不断更替。

日本饮食产业的连锁化比例一直维持在极低的水平。我认为正是由于无数家小规模店铺挤在一起，每天展开激烈竞争，才确保了日本饮食大国的地位。

另一方面，我们也看到，也有一些曾经盛极一时的行业或大企业无法适应环境的变化，由于业绩不振而苦苦挣扎。而且，尽管他们觉察到原有的商业模式已经寸步难行，却迟迟未能创造出新的商业模式。也就是说，这不是个人的能力或资质的问题，而是行业或组织所特有的问题。

---

① B级美食指既美味又便宜、比较大众化的美食。

03 所谓"管理资本主义"

■■ 企业为追求规模经济和市场份额而日趋庞大

在物质匮乏的时代，也就是经济增长旺盛的时代，企业总是以扩大规模为目标。

企业规模变大，面对供应商的购买能力随之增强，就能够低价购入原材料。此外，每件产品的人工费和成本也有可能低于竞争对手。因此各家企业都以规模经济为目标，不断膨胀扩张。

曾经作为世界性石油公司而闻名的标准石油公司（埃克森美孚公司的前身）就是一个典型案例。

标准石油公司创立于19世纪后半期。最初是美国俄亥俄州炼油厂，其主要业务是使用大锅煮沸从油田运来的原油，从中提炼汽油、煤油和轻油等产品。

在炼油厂中，煮沸原油的锅越大，平摊到每加仑的固定费用就越便宜。也就是说，设备规模越大，效率就越高。于是，标准石油公司不断投入资金，增加炼油设备，从而使成本低于其他公司，在竞争中获得了胜利。

■■ 垂直一体化的"统治"

扩充设备规模，也意味着风险的增大。例如，如果需要提炼的原油供应不上来，企业将不得不关停炼油设备。其结果就是企业将白白耗费大量的人工费、设备折旧费及燃料费等。另外，如果找不到汽油等产品的买家，企业将面临库存的压力，最终被迫停止生产。这也会导致巨大的损失。

为了避免这些风险，标准石油公司通过自主开发油田等方式，开始跻身产业链的上游。此外，该公司还收购了汽油运输容器的制造厂，与铁路公司签署了优先运输本公司产品的合同，由此掌控了流通渠道。

1900年，标准石油公司发明了汽油桶，并于两年后开始量产。接下来，通过开设本公司品牌的加油站，标准石油公司完善了销售网络，谋求进一步扩大市场。由于独自控制了从生产到流通的整个供应链，该公司的组织加速膨胀起来。

1878年，标准石油公司拥有美国90%的炼油能力。1911年，根据《谢尔曼法》（《禁止垄断法》）的规定，历史上最早的垄断遭到禁止，标准石油公司被拆分为34家公司。在此期间的仅仅40年时间里，标准石油公司的员工人数膨胀到了约10万人。

此后直至OPEC掌握主导权的20世纪70年代，主要石油公司（"石油七姐妹"）几乎垄断了全世界的石油生产，其中的三家美国公司（埃克森、美孚、雪佛龙）都是从标准石油公司拆分出来的。

其他行业也有类似情形。众多大企业追求规模经济，为了在竞争中胜出，必然继续采用垂直一体化方式，不断地努力扩大上游至下游的管理领域，意在控制整个商业过程。

将之前一直由市场承担的调节机能（"看不见的手"）最大限度地引入企业内部，由经营者积极控制的思维方式被称为"管理资本主义"（"看得见的手"）。我最初接触到这个概念，是在哈佛商学院"管理资本主义的到来"的课堂上。当时这门课程由辛西娅·蒙哥马利教授负责讲授，已故的小艾尔弗雷德·钱德勒名誉教授也曾经作为其首创者受邀上台演讲。

《看得见的手》（The Visible Hand）是钱德勒教授的经典著作。该书阐述了垂直一体化管理体制的历史，分析了经营者如何利用"自己的手"（看得见的手）来管理整个市场，与亚当·斯密的"看不见的手"（invisible hand，指不同企业为了追求各自利润而展开竞争，其结果是由市场自发进行最佳的资源分配）形成鲜明对照。

正如钱德勒教授曾经阐明的，原有的企业管理是时代的产物。在那个时代里，企业通过独自控制从上游至下游的整个供应链的所有流程，来不断扩大市场份额。

■■ 分工导致组织僵化，难以创新

企业规模扩大，必然会促进分工和组织分化的发展。

如果是所有员工都对彼此工作内容了如指掌的小型企业，即使各自负责的业务范围不太明确，也不会妨碍工作的开展。但是，当企业扩大到一定程度以后，这种工作方式将会带来组织的混乱。于是，在生产、流通、广告宣传、销售等所有部门，个人负责的业务范围都被划分得很细。一般而言，企业规模越大，人均负责的业务范围就越小。

效率高是分工的一大优点。员工负责的工作范围较小，每天浸淫于同样的工作，就能迅速地熟悉工作、处理业务。对企业而言，这是理想的结果。

于是，统合日益复杂的组织，设定管理指标以求实现整个组织的最优化，便成为管理的职责。商学院讲授的各类课程（市场营销、组织人事、会计财务、生产管理、经营战略等），都是管理资本主义的产物。

但是，分工也存在一个重大缺点，即员工和整个组织会受分工细化和管理指标的影响而陷入"视野狭窄"的状态。

例如，一名销售人员，在中小企业里可能要同时负责公司客户和个人客户，因此能够听到各种不同的客户的声音，所以在初期阶段就可以比较容易地捕捉到顾客的新需求。然而，倘若每名销售人员仅负责一家公司客户，可能他就只能获得有限的信息。

　　而且，人们很容易产生"认知偏差"。简单地说，就是人们常常会根据自身的愿望，以歪曲现实的方式来理解事物。这种情况下，如果销售人员听到眼前的重要客户说"想买这种商品"，便会过度地认为这是代表了市场动向的顾客需求。反之，如果面对关系不是那么密切的顾客，即便听到对方有新的商品需求，也会不以为然地觉得那样的商品难以带来收益。

　　另外，随着企业组织的扩大，部门之间的联系也会呈现出淡化的趋势。其结果就是，许多商业人士都会有一种感觉，仿佛自己是在封闭的"罐子"里工作。

　　总而言之，现有的组织形态在结构上缩小了其成员的视野，最终只有极少数高层管理者才能掌握全局。

　　但问题在于，管理层做判断时所需的重要市场信息几乎完全依赖位于组织末端的基层销售现场输送给他们。基层只是依据管理层事先设定的业绩评价指标（KPI）来收集信息，所以指标没有涵盖的信息将很难传达到管理层。这种组织无法弥合现实环境与主观认识之间的偏差，不断丧失自我革新的能力。

　　自己公司提供的价值，符合新时代的需要吗？现行的分工体系，是满足新的顾客需求的最优机制吗？目前的管理指标，能够构建出与业绩紧密联系的有效市场吗？为了在瞬息万变的环境中持续创造价值，企业必须不断思索这些问题，随时调整整个组织在市场中的定位及其提供价值的内涵。

另外，这里所说的"视野狭窄"具有两个含义。

第一个含义是焦点。焦点本身并非坏事，但当焦点已经偏离了目标时，必须进行重新调整。

第二个含义是偏见。例如，受名为"启动效应"[①]的认知习惯影响，对自己认为是好的事物，就只看到其长处；对自己认为不好的事物，就只看到它的缺点。对于这种情况，人们必须有意识地努力打破偏见。

视野狭窄的人，在思考问题时会无意识地以自己或自己所属组织的利益为中心。其结果就是，在环境变化的过程中，企业完全无法掌握新的顾客需求或者新的生产方式，也就无从实现创新。这是困扰企业的根本原因。

---

① 启动效应：英文为priming effect，心理学用语，指由于之前受某一刺激的影响而使得之后对同一刺激的知觉和加工变得容易的现象。

04 渐行渐远的"商业模式"论

■ "商业模式"不是植物标本

综上所述，为了回到原点，克服现代管理资本主义导致企业无法适应环境变化的弊端，"商业模式"是关键词。因为，商业模式的概念不是把商业分解成多个要素，分别作为单个课题来解决，而是从整体出发，考虑企业在新环境中应有的形态。

我开始探讨商业模式的概念，是在20世纪90年代初。当时是计算机取得辉煌发展的时代，过去大型机电厂商的封闭式一体化生产的商业模式，在被称为"狗年"①的技术高速发展的时代背景下，开始向更为开放的分工机制转变。

单个企业生产计算机的时代已经成为过去。根据IBM公司确立

---

① 狗年：英文是dog year。据说人的1年相当于狗的7年，也就是说狗的时间比人类快7倍，因此这个词也被用来形容IT领域技术革新的速度之快。

的计算机行业标准，企业纷纷重组为操作系统厂商、中央处理器厂商、存储器厂商、硬盘厂商、应用软件厂商、液晶面板厂商以及将这些零件组装到一起的厂商。

我之前所属的波士顿咨询集团将当时的这种行业重组状况称为"解构"。

2000年以后，随着互联网热潮的到来，涌现出众多的互联网创业企业。互联网创业企业免费向顾客提供各类信息和服务，以此来促进使用人数增长。因此，投资者自然而然地开始关心"他们究竟是如何获得收益的"。

这一时期，人们开始频繁使用"商业模式"一词，从互联网商业这一新领域的盈利机制的角度，来探讨尤其是如何评估企业价值等问题。互联网商业重视的是网站访问人数及其增长速度，而非现金流量。无论脸书还是推特，都是从提供免费服务开始，甚至不做任何广告宣传，令投资者好奇他们究竟如何生存下去。分别被谷歌和脸书收购的YouTube和Instagram也都是没有任何收费机制的免费服务。

回顾过去的历史，从宏观把握新环境下的商业形态的意义上来看，人们对"商业模式"这一概念的使用方法是恰当的。当时几乎还没有人思考"商业模式"的严密定义，我在20世纪90年代初到某战略顾问公司接受最终面试时，也曾被对方的合伙人总裁问及这个问题。

当时我含糊地说"商业意味着利润，模式对应的是机制"，这根本算不上明确的回答。于是，实在看不下去的合伙人向我解释道："商业如同美人，身上缠着华丽的商标和商品，而商业模式就好比将美人的衣服脱去，使其处于裸露状态。"这位顾问的回答虽然略带色情之嫌，但这个简明易懂的说明让我非常佩服，至今仍然记忆犹新。

不过后来，"商业模式"的概念又取得了进一步发展，其定义也变得更为准确。

最初引起人们关注的是亚历山大·奥斯特瓦德和伊夫·皮尼厄的《商业模式新生代》(*Business Model Generation*)一书。该书将向顾客提供的价值、提供价值的机制、获得收益的机制3个部分分成9个要素（客户细分、价值主张、渠道通路、客户关系、收入来源、核心资源、关键业务、重要合作和成本结构）进行了阐述。最近，商业的"模式化"取得了进一步发展。也有人提出了囊括所有过程模式、收益结构模式、价值相关模式、治理模式及管理模式的一体化商业模式。

如今的"商业模式热"与拱肩（spandrel）的发展过程很相像。拱肩原本是哥特式建筑中的一部分，我用它来比喻迥异于最初目的的"偶然的产物"所带来的新发展。的确，学习商业模式具有重要意义，也常有一些商业模式能够为我们提供参考。不过，这个概念已经逐渐偏离了其刚出现时的时代背景，以及当初试图反思管理资本主义弊端的最初语境和意义。

大体而言，目前为止出版的商业模式相关著作大多可分为以下两种类型。

第一类是对商业模式进行分类。这类著作通过比较各类模式，对其优缺点、发挥作用的条件、容易导致的错误等进行说明。

通过阅读这些著作，人们会发现"商业模式"的概念并不难理解，"商业模式"存在各种类型，至少将来的选择变得更多了。

但是，这些著作多是从个别事例中提取出来的标本，无法帮助读者了解其产生的原因以及前后经过。

此外，对各类商业模式进行比较，容易过于关注不同模式的差异，而忽略俯视整体商业的意义。而且，这些著作在内容上多为重新编辑市场营销教科书中早已尽人皆知的剃须刀架与刀片等案例，鲜有新的发现。

第二类是选取苹果或谷歌等成功企业，从商业模式的角度来解读各企业如何获得的成功。

这类著作可以说是各商业战略著作的商业模式版本，能够为人们提供其所关注的企业的各种信息，具有阅读的价值。

不过，这些书如同"事后诸葛亮"，只是煞有其事地对已经形成的商业模式做出说明，对经营者在商业模式不断动态变化的过程（获得成功之前的摸索、偶然性因素等）中所采取的对策及其背景的介绍等却很有限，然而这些才是有志于创新的读者真正希望了解的信息。

根据从具体语境中剥离出来的个别现象来研究普遍模式，这种方法在自然科学领域可谓是做学问的王道。这样可以妥善地整理出很多知识，并能提出许多令人深感兴趣的观点。

此外，通过对各种商业模式进行分类，我们或许也能够获得新的关注点。但是，从实际从事商务的人来看，却有一点值得怀疑。即将活生生的商业模式或企业案例与周围环境割裂开来，像"植物标本"一样，只针对单体进行考察，这会从根本上产生偏差。

■ 成功模式背后常被忽视的周边环境

如前言所述，商业很大程度上取决于其所处的环境。例如，要提供新的服务，除了要有渴望新服务的顾客，还需要有传送新服务的各种渠道及技术方面的基础设施。

因此，与最终的形式相比，经营管理层的商业思维以及他们面对新现实的应对方法才是学习案例时的重点所在。了解与本公司情况不同的行业成功案例及其方式，也只不过是发出"好厉害"的感叹，而很难从中发现与本公司业务的关联。

例如，在解释7-Eleven的成功原因时，我们可以用"密集型选址战略"（在特定地区开设大量店铺的策略）的商业模式加以说明。7-Eleven因密集型选址战略而闻名。但是，采取类似策略而失败的企业不胜枚举。为何7-Eleven取得了成功，而其他企业走向了失败呢？只用密集型选址战略的商业模式无法解释这个问题。此外，假设能够解释，又能对读者产生多少有用的启示呢？

说到底，7-Eleven是从一开始就考虑到密集型选址战略的吗？

为何其他企业没有追随7-Eleven的战略？

究竟是哪些顾客需求和社会背景推动了7-Eleven的发展？

7-Eleven到底如何把握这些情况，采取了怎样的行动呢？

提出这些疑问，才能通过案例将其他行业的商业活动（他人之事）与本公司的商业活动（自己之事）联系起来，因为二者同处现代的商业环境并拥有共同的社会背景。

当然，对从事商业活动的当事人而言，未来充满不确定性，判断所需的信息也极不充分。因此，企业为了进行决策，必须具备某种视角。

于是，我们无意识中具备了以过去经验和成功模式为前提的视角。如果商业活动进展不顺，我们则必须调整已有的视角。

对于实践者而言，有益的案例研究应该能够刷新自身的陈旧视角，提供新的发现和关注点才行。

05　电商超越百货商场说明了什么

■ 互联网销售5年间增长近一倍

日本经济产业省的《电子商务交易实态调查》显示，2013年度的互联网销售市场规模为11.2万亿日元，比2008年的6.1万亿日元增长了八成以上。

世界最大的电商企业亚马逊于1995年开始提供服务。虽然只有20年的历史，但它已经在零售行业显现出极大的存在感。

但是，在电商刚刚起步的阶段，只有极少数人预测到今天的发展趋势。当时多数人将其视为单纯的网络销售。没人会想到它会成为市场规模超过10万亿日元的庞大产业，而且当时人们认为电商绝对无法销售昂贵的珠宝和服装等"先看，再摸，最后才能买的商品"。

然而，出人意料的现象在现实中不断上演。亚马逊销售价值数十万、数百万日元的珠宝、钟表、绘画、乐器等产品。走走城

（Zozotown）等服装领域的网站也销售被认为不适合电商销售的高级服装。

■ "百货商场"的根本意义正在消失

与电商相比，百货商场作为零售业过去的王者，现在已经陷入极为严峻的状态。

百货商场的市场规模在1991年达到顶峰。当时日本所有百货商场的总销售额约为9.7万亿日元，但之后一直呈现下降趋势。2013年的总销售额约为6.2万亿日元，不到顶峰时期的三分之二，彻底被电商行业超越。

我们应该如何理解百货商场地位的下降呢？可以肯定的一点是，百货商场的商业模式已经随着时代变化而日益陈腐，不再符合现代的消费需求。

昔日的百货商场是货品齐全的一站式购物场所，因为这里销售的就是"百货（大量商品）"。顾客来到这里能够购买到流行服装、先进的家电产品以及精致的家具等各种商品。但是，随着社会日益富足，消费者的喜好和生活方式变得更为多样，百货商场的货品已经难以满足时代的需求。

同时，专卖店行业不断向店铺大型化趋势发展。山田电器、必酷相机、友都八喜相机等家电量贩店，争相在枢纽站点附近开设超大型店铺。相比之下，百货商场的家电卖场最多只有一个楼层。因此在品类齐全方面已经难以与专卖店抗衡。

其他领域也是类似情况。在家具方面，大家家具、宜家家居、宜得利等企业由于货品齐备而更胜一筹。因此，百货商场遭到了各领域"品类杀手"的围堵。此外，最近乐乐商城（Lalaport）等大型购物中心，汇聚众多专卖店，大幅提升了过去百货商场承担的功能，形成了符合现代需求的商业形态。

电商的崛起，成为百货商场更加强劲的对手。在备货方面，受物理条件制约的传统零售业无法与电商抗衡。此外，电商不受时间和场所的限制，消费者在自己家中比较各类商品，点击一下鼠标就能够在第二天收到货物。

总之，百货商场已经丧失了其商业模式原本应该提供的许多价值（可以买到任何商品的一站式购物场所）。

■ 环境变了，商业模式也应该改变

位于人来人往的繁华街道的高楼大厦之中，是百货商场的特征之一。不过如果在工作日的白天走进百货商场，人们会发现异常的景象。顾客稀稀落落，还不如店员的人数多。百货商场的设备以及人工费的成本需要依靠下班之后及周末的客流量来弥补，考虑到一等地段的不动产成本以及店员的固定费用，其实效率很低。那么，电商等商业模式是如何发展起来的呢？

家庭的变化是其中的一个因素。过去，男性在外工作、女性在家做专职主妇的分工模式在中产阶级中比较稳定，而主妇常在工作日的白天外出购物。后来，女性的大学升学率逐渐与男性持平，越来越多的女性活跃在社会的第一线。另外，最近讲究时尚的男性也越来越多，很多人开始自己选择服装。在这些社会变化的背景之下，兴起了廉价销售内衣等易耗衣物的网络销售模式。这样可以节约购物时间，无店铺销售带来的低价开始受到消费者的广泛欢迎。

接着，电商开始登场。当时许多人认为电商只是网络销售的升级版。在百货商场行业中，尚有不少人相信"百货商场的品质高于专卖店和电商"。还有人认为"大规模扩张网络销售渠道，会淡化高品质的感觉"，对电商网站采取消极的应对态度。

随后，由于通信速度的加快以及计算机性能的提高，人们可以顺畅地观看视频目录。此外，电商网站还会提供与商品或服务的价格和评论相关的信息，并根据顾客的购买履历提供推荐。银行卡支付的安全性也得到提高，消费者逐渐打消了对于网上交易的担心，开始放心享受方便的购物体验。接下来，配送服务也变得更加快捷和方便，下单次日便可以将货物在指定的时间和地点送达。

如今，营业时间是电商对传统零售业最大的威胁。

电商交易最活跃的时间是夜晚9点至12点，即工作的人们回家吃完晚饭后的休憩时间段。遗憾的是，位于市中心的传统零售业在这一时间段无法满足消费者的需求，因为它们在物理上会受到营业时间的制约。也就是说，对于生活在现代都市的人们而言，传统零售行业已经不再便于利用。

　　最近，市中心的百货商场正在进行重新开发。充分利用一等地段的优势，吸收办公楼、酒店或者其他商户，百货商场的空间逐渐变成了缩小的复合型建筑。至此，零售业开始脱离不动产业。今后，希望作为零售业的百货商场能够发挥其特有的品牌以及商品销售能力，构建起将实体商铺、外销和电商融合起来的新商业模式。

06　大企业的"创新者的窘境"

■ 过去的教训不仅为了唤起注意

一直以来，人们从历史中认识到了一个事实，即每当发生技术革新，都将导致之前兴盛一时的企业遭到淘汰。不过这个结论却只停留在提醒经营者吸取过去教训的层面上。

克莱顿·克里斯坦森的名著《创新者的窘境》（*The Innovator's Dilemma*）的贡献在于，指出了组织内在认知方面的结构性偏差及其不可避免性，为经营者们指明了道路。

钟表行业的技术创新——石英，是创新者的窘境的典型事例之一。

发明石英这项革新性技术的是日本数一数二的钟表厂商精工公司。然而，利用该技术获得巨大商业成功的，却是1983年诞生于瑞士的创新企业斯沃琪公司。

斯沃琪问世之前的20世纪70年代，瑞士的钟表厂商已经濒临走投无路的境地。1969年，精工公司推出了世界上第一块石英手表。由于各厂商纷纷开始销售质优价廉的石英表，瑞士厂商擅长的机械表遭受重大打击，导致钟表行业的就业人数由1970年的90000人锐减至1984年的33000人。

■■ 化危机为转机，斯沃琪迫使精工陷入窘境

相比于机械表，石英表由于可以大量生产，故能够以较便宜的价格出售。于是，斯沃琪手表采用"石英式机芯＋塑料外壳"的结构，以50法郎的低价出售。斯沃琪产品作为"能够搭配时尚和场景，设计感十足的石英表"得到了众多消费者的认可。

"斯沃琪"（Swatch）是"第二块手表"（second watch）的略称。在此之前，手表被视为贵重物品，而斯沃琪则将其重新定义为可以随便更换的时尚单品。

其结果是，两家公司的地位发生了逆转。由于斯沃琪公司廉价出售石英表，使消费者产生了石英表都是"便宜货"的印象。最终，精工公司的手表也难以再卖出高价。

精工公司应该是出于以下两点考虑而无法下决心廉价销售石英表。第一点是，不想降低自己耗费大量时间精力开发出来的石英表的价值；第二点大概是为了避免石英表与本公司的机械表发生利润侵蚀（自相残杀）。不过还有更大的一个原因就是，拘泥于手表功能的传统观念阻碍了将手表作为时尚单品的创意。

另一方面，在瑞士钟表行业，另一项战略，即集中力量制造堪称珠宝的昂贵机械表的战略也取得了巨大的成功。该战略与石英表迥然不同，追求的是功能之外的其他价值。斯沃琪集团将"欧米茄""宝玑"等高级手表厂商收入旗下，在2011年钟表行业销售排行榜上位居世界首位。而精工公司却未能从自己开发的石英表中获得较大收益。

■ 提供给顾客的价值的内容最重要

许多人认为石英表是一种创新。当然，石英表本身确实是一项划时代的创新（确切地说是技术发明）。但冲击力要远远更大的价值创新却是"斯沃琪的产品概念"。

斯沃琪的创始人原本是一位投资银行家，对于钟表行业并不熟悉，因此能够以完全不同于以往的创意来制造钟表。倘若他是受"钟表的生命在于功能，或者手表是奢侈品"这一旧有观念束缚的钟表行业人士，或许就不会产生新的产品概念了。

在此我们需要再次确认"商业模式"的内涵。我认为商业模式并非仅仅局限于机制（如剃刀式收费机制等），为顾客提供的价值的内容本身（即价值命题）才是商业模式的重要构成要素。

■ 基础技术变化导致的低收益模式

如果支撑业务的基础技术发生了根本性变化，就不再只是企业需要提高认识程度的问题，而是可能会带来威胁企业存续基础的严峻局面。下面以柯达公司为例进行说明。

柯达公司是世界上最早发明胶片及与之配套的暗盒式照相机的公司，之后又发明并销售了数码相机。相机原本是只有部分专业人士才能使用的高级产品，可以说是柯达公司使其在社会上得到了普及。通过销售各类胶片和相机，在世界各地开设冲印店，柯达公司在20世纪赚取了巨大的利润。

对立足于胶片技术（化学）的柯达公司而言，数码化将会为其带来毁灭性影响。1975年成功开发出世界首架数码相机的柯达公司充分认识到了这一点，因此他们没有积极推进数码化技术，而是想方设法地延续原有业务的寿命。

柯达公司在胶片行业确立了垄断性地位，在20世纪70年代占有全美胶片市场90%、相机市场85%的份额。然而在数码领域，日本电子产品厂商已经通过计算机业务确立了技术和供应链的领先地位。在数码领域处于落后地位的柯达，几乎不可能再次确立凭借胶片形成的绝对性优势，能够做出的选择也极为有限。

事实上，柯达公司曾在1979年做出了极为正确的预测，指出市场将在2010年之前普及数码化。柯达公司也认识到，这将意味着每1美元销售额能够获得70美分利润的高收益业务（胶片业务）将沦落为每1美元销售最多仅能期待5美分利润的低收益业务（数码业务）。

尽管意识到数码市场的到来，柯达公司最终还是于2012年被迫申请破产。此时，之前支撑着柯达业务的胶片工厂、冲洗店以及销售渠道等大部分资产对顾客来说都已经没有任何用处，失去了其经济价值。

此外，对常被拿来与柯达公司做对比的富士胶片公司来说，短期内创造出代替胶片业务的新业务也是不现实的。至于该公司因电视广告而备受瞩目的化妆品业务，其实际情况也是收益还不到富士胶片公司2万亿日元总销售额的1%。幸运的是，2001年富士胶片公司与施乐公司合资设立了子公司富士施乐公司，并于2008年收购富山化学工业（制药公司），实现了业务结构转换，成功地遏制住了销售的下滑。然而，在这一过程中发挥作用的经营能力更多的是财务层面的资产构成的重组，而非作为制造业的原有竞争力（专业能力）的转变与运用。

■■ 妨碍创新的组织及其习惯

在《创新者的窘境》一书中，克里斯坦森介绍了大企业常常陷入的认知偏差。下文对此再略加解说。

克里斯坦森的观点极具启示性。企业破产时，我们常常会认为这是蹩脚的经营者的过错。但实际上，即便是优秀的经营者做出极为合理的判断，或者说正是由于这些合理的判断，企业才会走向衰落。

领先行业的大企业一般处于以下状态之中。

（1）多数顾客需要的是该企业现在提供的高品质商品或服务，而非崭新的、未知的商品或服务。投资者也更希望获得眼前的利

图1-2 创新者的窘境

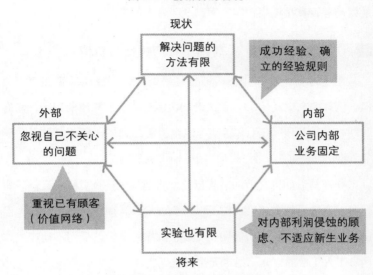

现状

解决问题的
方法有限

成功经验、确
立的经验规则

外部

忽视自己不关心
的问题

内部

公司内部
业务固定

重视已有顾客
（价值网络）

实验也有限

对内部利润侵蚀的顾
虑、不适应新生业务

将来

成功模式（方法）成为规范（目的）

资料来源：D.Leonard，1995，*Wellsprings of Knowledge*.

润，而非不确定的未来收益。

（2）为了获取足以维持大企业运营的利润，一定程度以上的大
市场是必不可少的。对于大企业而言，过小的市场并不值得关注。

（3）相比其他企业，大企业兼具卓越的分析能力、商品开发能
力以及销售能力等。而这些能力在未知市场中能否顺利发挥作用却
不得而知。因此，大企业没有必须要开拓未知市场的理由。

（4）如前所述，大企业力图实现现有业务的最优化。反而言
之，也就是对在现有业务之外的应对能力在下降。

（5）企业会试图进一步提升本公司所拥有的技术。但技术能力的提高能否直接提高顾客的满意度则另当别论。

■■ "零售业的窘境"：店铺由资产蜕变为负债

对于零售企业而言，店铺曾经是资产，但现在却正在变为负债。例如前文提及的2011年破产的美国连锁书店鲍德斯集团，鼎盛时期在全美开设了670家店铺，以全美第二大规模著称。然而由于亚马逊的势力扩张，鲍德斯集团的销售额急剧下跌。

在亚马逊问世之前的书店行业，店铺数量具有重要意义。店面越多，销售量越大，也就越可以压低进价，从而获得更多利润。但在亚马逊兴起之后，店铺反而变成了沉重的负担。受到不动产成本和员工人工费的束缚，根本无法对抗无店铺经营的亚马逊。

■■ 当战略框架成为束缚

企业研究发展战略时经常用到SWOT分析法或者基于核心竞争力的战略规划框架。这是战略理论中最基本的内容，即引导企业在制定竞争战略时明确自身的优势与劣势，从而根据优势来投入商战。但是，这一理念有时也存在导致错误决策的危险。

在企业内外均能得到认可的优势或资产，在过去的竞争中具有重要意义，这是事实，但这并不能保证在未来的竞争环境中，原先的优势仍然是优势。因为正如前文的案例所示，往日的优势有时也会阻碍企业的发展。

最近，一些互联网企业参加到外汇业务、代办结算、保险等金融服务领域，而日本国内的大型金融机构自恃在资产规模、业绩和信用度、顾客基础、店铺网络以及销售能力等方面具有绝对优势，似乎并没有对此产生危机感。或者这些大金融机构认为新兴势力所从事的新型服务并不属于本公司的业务范围。很多市场主导者在颠覆性技术或服务的初期阶段都只是将其视为周边的补充性业务。因为主导者们仍然是在原有范式中理解竞争规则和自身优势的。

在技术革新日新月异的今天，企业尤其应该留心。研究中长期发展战略时，必须准确把握未来的技术动向，思考今后需要何种竞争力。如果现有竞争力与未来所需竞争力之间存在差距，企业则需要研究如何才能获得新的竞争力。

CHAPTER 02

何为"创新"

01 商业的"S"形发展过程

■ 化学纤维中的创新模式

商业的成长绝非直线型的。成功的商业大抵呈现出"S"形的发展过程。

首先，需要反复探索如何利用新技术。这一期间会出现各种利用方法，一般被称作"设计竞赛时期"。

之后，利用方法、对象顾客以及成本模式在一定程度上稳定下来，市场将出现快速增长。这一时期，利用方法会收缩为最适合市场的形式。由此确立的利用方法被命名为"主导设计"。

但是，市场的增长也不会永远持续下去。当商品遍及市场、需求得到满足，增长就会减缓，最终停滞下来。

参与市场的各企业需要根据不同时期来变换竞争方法。黎明时期需要竞争利用方法，成长时期要竞争的是品质、价格、性能的提

图2-1 商业的"S"形发展过程

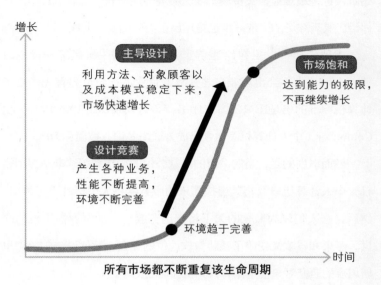

所有市场都不断重复该生命周期

高，成熟时期则需要竞争价格的进一步下调和特殊用途及附加价值的提供等。

商品的上述三个阶段生命周期也适用于特定技术的创新过程。接下来介绍理查德·福斯特在《创新：进攻者的优势》（*Innovation: The Attacker's Advantage*）一书中提到的汽车轮胎帘布原材料的创新过程。

轮胎帘布最初的材料是棉纱，后来被人造丝代替。在初期阶段，人造丝的昂贵价格成为瓶颈，并没有马上普及。但随着品质的提高和廉价生产方法的开发，人造丝开始畅销。但普及到一定程度之后，市场的增长渐趋缓慢。接下来成为主角的是尼龙。尼龙在开始阶段也是艰难地扩大市场，随之实现高速增长，之后增长率出现停滞。其后登场的聚酯纤维也呈现出了类似的发展曲线。

类似情形也发生在IT世界。在IBM大型主机风靡一世的时期，人们认为不会出现能与之匹敌的企业。在全世界首先确立了计算机标准的也是IBM公司。1981年该公司推出的The Personal Computer（个人计算机）如今已成为通用名词，被简称为PC。

然而讽刺的是，当时采用的微软公司的操作系统逐渐掌握了霸权，个人计算机以及将其连接起来的服务器将大型机赶下了神坛。然后，在人们以为微软的天下将永远存续时，随着智能手机的问世，苹果和谷歌又变成了威胁微软地位的存在。顺便说一句，克里斯坦森的研究对象就是作为计算机存储器的硬盘。

这种生命周期存在于所有商业模式之中，呈现出"S"形而非直线的发展过程。而且，所有的商业模式都会在某一时期变得陈旧，被能够适应新的技术和环境的其他商业模式取而代之。

完全置身于业务现场时，我们很难注意到整体的大趋势，所有的商业模式都摆脱不了繁荣与衰退的过程，因此需要思考不同时期的应对之策。

■ 黎明时期会有"瓶颈"

我们来考察一下电商巨人亚马逊公司的情况。该公司目前已经在全球的诸多地区取得了极大的成功。然而，如果是在30年前创业，它将会面临怎样的境遇呢？

与今天相比，30年前拥有计算机的，大概只有商业人士或者技术专业的学生，绝对属于少数派。互联网的应用也才刚刚开始。当年还是学生的迈克尔·戴尔创办小型创新企业时，智能手机连影子都还没有出现。

在当时的环境下，难以想象电商能够获得日常化发展。即便有人想到这个模式，但由于根本没有通过互联网购物的普通消费者，市场还处于黎明时期。今天，亚马逊的商业模式获得巨大成功，但如果与周围环境不相匹配，则完全难以发挥作用。

如今，电商行业实现了惊人的发展。但并非从开始阶段就一帆风顺。受惠于先期的积极投资，亚马逊最初实现利润是在2003年。当时距离创业已经时隔9年。乐天公司在最初几年也一直处于亏损状态。

这是因为，电商行业在初期发展会遭遇"瓶颈"。之后市场迅速扩大的背后则是各种环境的变化。

（1）计算机与智能手机普及，访问销售网站的人数增加。

（2）使用销售网站的人数增加，消除了对电商的不信任感。

（3）通信服务提速，价格降低，消费者可以通过高清晰度的图片或视频来了解商品。

（4）快递服务越来越方便，能够实现当日配送等服务。

（5）结算系统的安全性得到完善，使消费者能够放心购物。

（6）消费者的生活时间段日益多样，晚上购物的人越来越多。

这些条件并非在同一时期形成的。例如，结算系统在很早以前就得到了完善，宽带也从较早时期就已经普及。最晚成熟的条件恐怕是消费者"对电商的适应"。

在所有条件具备之前，最晚形成的部分就会成为瓶颈，妨碍市场的成长。这一阶段即所谓的"起飞"时期。周边的诸条件尚不完备，行业只能缓慢成长。各式各样的商业模式都会在这一阶段登场，呈现出相互竞争的"商业模式设计竞赛"状态。电商领域除了亚马逊和乐天之外也曾经有过大量企业参与竞争。

■ 全部条件具备之后，市场将急剧扩张

各家企业展开设计竞赛的同时，周边环境逐渐完备。在主要条件具备以后，市场开始爆炸式扩大。如同奥赛罗棋①中一口气翻转对方很多棋子时一样，市场将发生范式转移（paradigm shift）。

取得竞赛最后胜利的商业模式将会成为事实标准。然后，以成为主导设计的商业模式为中心，各企业建立联系，享受市场的成长带来的收益。

可以说电商行业目前正处于这一阶段。在日本国内，亚马逊、

---

① 奥赛罗棋，又叫黑白棋、翻转棋。在西方和日本很流行。游戏通过互相翻转对方的棋子，最后以棋盘上谁的棋子多来判断胜负。

乐天成为胜利者而称霸于行业,并将众多零售商卷入其中,构建起统一的整体。电商市场今后仍有可能进一步壮大,但终将会有市场饱和、成长到达极限的时期来临。只是这一时期何时到来尚不确定。

02 我们总是想得"过快、过小"

■ 当电动机取代蒸汽机成为动力源

前文用S曲线解释了创新的生命周期，下面考察该曲线具有多大规模。

关于前文提及的电商市场的成长周期，有人认为会持续5年，也有人认为会延续10年以上，可谓众说纷纭。一般而言，我们具有一种倾向，对创新的影响，常会认为它会比实际更快实现，而对其效果却又预估得比实际要小。

最早向我介绍这个观点的是在哈佛商学院执教"技术基础上的竞争策略"课程的理查德·罗森布鲁姆教授。我当时正在撰写一篇预测笔形计算机市场前景的论文，有一次去罗森布鲁姆教授研究室请教他的观点。理查德向我介绍了电动机取代蒸汽机时的一些轶事。由于当时很受震撼，每次思考创新问题时，我都会想起这次谈话。

一般提及工厂，许多人会联想到这样的景象：单层厂房排列在空旷的原野上，工人们流水作业装配产品。但在电动机作为动力源得到普及之前，工厂多是几层楼高的砖造方形建筑。日本群马县富冈缫丝厂建于明治五年（1872年），在2014年被收录为世界遗产，其布局样式就是这样的。

下面的照片是19世纪初的英国保险丝工厂。仔细观看照片，可以发现有很多皮带从上方垂吊下来。这些皮带将蒸汽机产生的动力传输至每个工人操作的机器。由于蒸汽机在构造上难以实现小型化，工厂通常会在厂房外面设置几台蒸汽机，使用传动轴和皮带将动力分配给各条生产线。因此，靠近涡轮机的车间动力较强，距离越远，损耗越大。

为了最大限度地利用蒸汽机产生的动力，工厂采用纵横延伸的

图2-2 英国的保险丝工厂

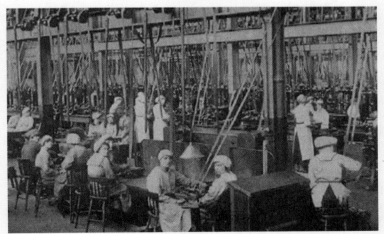

©National Maritime Museum, London

方形多层结构，在工人、机器的配置以及内部布局上，将需要强劲动力的作业安排在涡轮机附近，所需动力较弱的作业安排在较远位置，从而根据所用动力大小形成最佳布局。它承袭了蒸汽机出现之前利用水流的水力工厂的基本构造。

在这张照片拍摄不久后的1830年前后，英国科学家威廉·思特金发明了直流电动机。对于工厂而言，电动机的问世是划时代的大事。离动力源越远，能量就越容易以各种形式产生损耗。在蒸汽机时代，工厂在结构上是动力源集中于一处，靠其动力运转的机器位于他处，所以导致大量的能量浪费。

图2-3 工厂布局对比

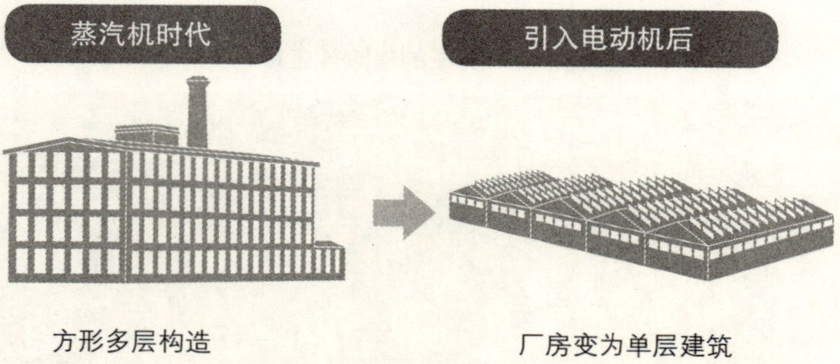

蒸汽机时代
引入电动机后

方形多层构造
厂房变为单层建筑

随着外形较小的电动机的出现，将动力源置于机器附近成为可能。于是工厂可以在厂房内设置多台电动机提供动力，不必再受动力源的限制，可以按照产品组装的顺序来设计布局。由此，"流水作业"成为现实，厂房也转变为今天的单层建筑形式。

▚ 电动机出现之后，工厂仍长期维持旧貌

从电动机被用于生产，到工厂布局采用单层结构，经历了长达40年的时间。在此期间，工厂依然保持着原有的布局。起初，工厂在原先蒸汽机的位置安装电动机，原封不动地继续使用过去的传送轴和皮带。那么，工厂在完全适应电动机之前为何耗费了如此漫长的时间呢？

我们现在觉得采用单层结构的厂房是理所当然的，所以会简单地认为："当初马上改造工厂，就可以更早提高生产效率了。"但这种看法属于"事后诸葛亮"。实际上，工厂实现转型之前曾经面临各种阻碍。电动机要普及，电费需要变得更低廉，而且实现电动机的性能稳定和小型化也耗费了很长时间。此外，改造工厂还意味着舍弃尚能使用的原有设备，会造成已有设备投资的浪费。

不过，最大的障碍还是人们的常识和习惯。设计工厂的建筑师、决定工人配置和生产流程的工程师和经营者，以及现场作业的劳动者都经历了相当长的过渡时期，才舍弃之前的习惯，采用新的工作方法（即全新的角色分工和作业内容）。顺便说一句，最早采用单层厂房的是卷烟厂等新兴企业。

理查德讲到的关于电动机的这些情况，在斯坦福大学的保罗·戴维教授所撰论文《发电机与计算机》中有详细介绍。正如其论文题目所示，戴维教授根据动力源由中央集中型的蒸汽涡轮机转变为分散型的电动机的过程，考察了计算机由大型机代表的中央集

中型向个人计算机的分散型变化的过程。在如今的社会，大部分组织都是中央集权型，分散型个人计算机本来的特性恐怕尚未得到充分利用。

每当我听到有关创新的预测，总会想起工厂的上述变迁过程，并问自己：现在是不是还只是将方形厂房的蒸汽涡轮机替换为电动机的阶段？

前文介绍的人们对电商的预测也是如此。起初，没有人能相信电商会超越邮购市场。说到底，对我们而言，有些预测之所以"言之凿凿""具有说服力"，不过是因为它们比较符合我们的经验或者过去的常识而已。也就是说，只有根据过去的常识来解释未来，才能形成这种认同。然而，在当今被称为"狗年"的瞬息万变的环境下，以昨日的常识来判断明日的情形，这原本就是不可能的，由此获得的认同也只不过是基于经验的一种认知偏差而已。

按道理说，我们在思考未来形势时必须依据未来的常识，但这很难做到。例如几万日元就可以买到能高速播放视频的高清晰度手机终端，几千日元的固定金额就能包月使用互联网通信服务。而且贝宝（PayPal）等服务的普及让消费者可以放心地网上结算，商品次日就可送达，人们可以毫不犹豫地购买昂贵物品。没有这些前提条件，即使有人在10年前预测电商市场的发展，又有谁会相信这些梦一般的情景呢？

03 为何人们无法预测创新

■ 赫伯特·西蒙发现的4点启示

1978年诺贝尔经济学奖得主赫伯特·西蒙活跃于政治、经济、信息科学等广泛领域,在计算机以及人工智能的研究方面取得了杰出的成就。他对计算机的研究开始于20世纪50年代,当时采用晶体管的计算机才刚刚问世,还没有人知道该如何发挥它的作用。1956年,艾伦·纽厄尔和克里夫·肖共同开发出计算机语言的原型,卡内基梅隆大学同一时期设立了计算机科学学部。

为了探究计算机的发展前景,赫伯特·西蒙考察了蒸汽机这一历史重大发明所带来的工业革命,发表了论文“蒸汽机与计算机”(*The Steam Engine and the Computer*)。

一般而言,“革命”一词常令人联想到急剧的变化,但是第一次工业革命却耗费了长达150年的时间。它开始的标志是托马斯·纽科门在1711年发明了使用蒸汽机的水泵,用于抽出他拥有的矿井中的积水。约半个世纪之后的1769年,詹姆斯·瓦特对纽科门的蒸汽机进行了飞跃性的改良。由此,蒸汽机被应用于当初发明家所未曾预想的领域,并不断得到完善。交通领域发明了蒸汽机车,工业领域出现了利用蒸汽机的织布机。随后,人们发明了发电机,开始进行火力发电。

而且,除了技术领域之外,蒸汽机也给社会带来了巨大变化。例如,在蒸汽机车发明之前,"会骑马"是医生需要具备的资格之一。当时,将重症患者送到医生的诊所并不现实,一般要由医生到患者家中出诊。但是,蒸汽机车使长距离之间快速、安全的移动成为可能,患者可以来医生的诊所看病,医院便逐渐发展起来。

第一次工业革命始于蒸汽机的应用,经历了漫长的时间,接连引发当初未曾预料的变化,为整个社会带来了巨大的变化。西蒙通过对这段历史的考察,总结出有关创新的以下4点启示。

(1)技术带来的结果不可预测。蒸汽机问世时,无人能够正确预测它将带来怎样的结果。

(2)革新的关键在于"连锁反应"。新技术的诞生会给社会造成很大冲击,进而带来其他技术革新。

(3)创新需要"专注(immerse)"。

(4)通用性技术才能对社会带来创新性冲击。

西蒙提出的上述4点启示也非常适用于现代。

■■ 卡内基梅隆大学对计算机问世的唯一贡献

关于西蒙提出的第3点启示"创新需要'专注'",接下来稍加说明。

"专注"是指"专心致志、沉迷其中"。20世纪50年代计算机出现时,没有人能想出有效的使用方法。即技术虽然已经产生,但应用方法尚未被提出。

1958年,卡内基梅隆大学购入了第一台IBM650。据说无论是数学教授,还是工学领域的教授,都曾为如何有效利用它而大伤脑筋,干脆不去碰它。最终,这台计算机被保存在商学院的地下室里。对此,西蒙回忆道,当时卡内基梅隆大学所采取的最佳对策,就是不给地下室的计算机机房上锁。

于是,大学里的首台计算机得以向年轻学子们开放。他们思维更为活跃,受成见束缚也较少。在接触到计算机这种新工具之后,学生们异常兴奋,纷纷开始忘我地尝试。终于,他们提出了各种各样的想法,确立了计算机的使用方法。

划时代的创新,往往都是人们专注于某个问题的产物。例如,在现今交流文化中已经根深蒂固的"表情符号"也是如此。女高中生在使用传呼机尽情聊天的过程中,发明出用文字符号组合成脸部表情的方法,如今通过LINE等交流软件已经传遍世界。

这样看来,也许游戏才是发明的原动力。游戏原本就没有现实目的。传呼机的符号也并非为了表示表情而设定。而工具则包含目的，并事先设定好了使用方法。

但新技术能有什么具体用途还不清楚。如果将没有明确目的的摸索尝试称为"游戏"，那么正是通过这个过程才能发现或者开发出新的用途。SNS也是如此。脸书就是大学生在专注地进行"游戏"的过程中，不断追加各种功能而形成了雏形。

因此，幻想着从一开始就有正确答案，单纯地在头脑中构建商业模式，是不会成功的。只有在专注地反复探索的过程中，某些有用的价值才会作为结果得以产生（发现）。

04 用"情景规划"预测未来

■■ 脸书也曾被"低估"

脸书在2012年实现了首次公开募股（IPO）。当时其企业价值略少于1000亿美元，在股价上涨后的今天已接近2000亿美元。

但在脸书创立之初，完全没有人能够预测它今天的发展。2006年，脸书成为全美国排名第2位的社交网站，传闻雅虎等公司曾与脸书展开收购谈判，据说当时的预计收购额为10亿美元左右。可见，许多人在脸书的早期阶段远远低估了它的价值。

现在，谷歌的企业价值是3700亿美元（2015年5月末数据），不过它也曾经历被低估的时期。1997年，谷歌创始人拉里·佩奇和谢尔盖·布林曾经试图将成为谷歌原型的搜索引擎出售给Excite公司。当时提出的金额为160万美元，但却被认为价格过高，最终未能成交。而今，谷歌的价值已经暴涨了几十万倍。

人的想象力是有限的。在社会环境急剧变化的过程中，预测商业的未来非常困难。多数预测都是以现有商业环境为前提，来探讨新技术的用途和价值，往往会认为其将在短期内实现，做出"似乎不会形成大的冲击"的判断。

■■ 投资银行家：以预测未来为职业的人

世上也有以预测未来为职业的人。投资银行家就是其中之一。在创新企业实行上市或收购之际，他们需要基于对未来收益的预测，评估出适当的企业价值（股价）。不用说，评估企业价值的工作极为重要。在收集了各类经营信息之后，投资银行家要在Excel表格中构建估值模型，在设置各种前提条件的同时，评估出合适的价格。

图2-4 投资银行家的"增长情景"

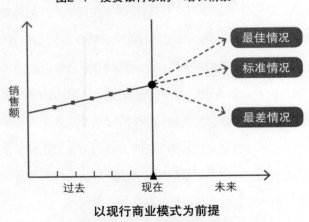

以现行商业模式为前提
过去与未来处于同一轨道之上

这时,影响企业价值(股价)的是目前的销售额、经常性收入以及增长率等因素。投资银行家根据这些数据估算将来的现金流量,再乘以贴现率,从而计算出企业的股价水平。为了推算出影响企业现金流量的宏观经济指标(GDP增长率等)、企业竞争力(市场份额、利润率等)以及将现金流量折算为现值的贴现率(利率、通胀率、事业风险),投资银行家会为每个项目设置若干前提。然后再根据这些前提条件的组合计算出多个企业价值。

除了业务按照预想发展时的情况(标准情况)之外,还要同时计算出一切顺利时的"最佳情况"和与之相反的"最差情况",使数据具有伸缩余地。

这种预测模型在企业买卖双方进行谈判时会派上用场。因为在同一平台上相互标价时,双方需要拥有共同的衡量标准。

但是,对于实际奋战在业务前线的人而言,这些Excel表格里的数据模拟分析几乎没有意义。因为环绕业务一线的外部环境时刻都在变化。例如,在最近10年间,电子工业领域呈现出新的竞争态势,发达国家在金融危机后市场陷入停滞,而新兴国家的市场则不断扩大。因此导致夏普和索尼的企业价值与10年前相比发生了很大变化。我完全没有指责股票市场相关人员的意思,但我们必须认识到,当时很少有人能够预测到上述变化,这类预测模型并不能用来预测真实的未来。

投资银行家对新型商业的成长曲线进行线性描述,并非因为他们具有特别的用意，而是由于没有发现更好的代替方案。

现实中的商业不会像投资银行家在图表中描述的一样，呈直线型成长。因材料价格和人工费用的高涨、新竞争的出现等而遭受挫折的情况也时有发生。相反，也有可能出现技术发展和消费者需求的变化等条件同时具备，实现快速成长的情况。

■ 用情景规划来补充想象

一直以来，人们不断探索能够补充想象的方法，以便动态地了解商业。例如，荷兰皇家壳牌石油公司1965年在名为"长期研究"活动中所采用的"情景规划"便是其中之一。

该方法被用来探究将来可能面临的业务环境的复杂程度，并制定出具有可信度的研究报告。由于成功预测到了20世纪70年代的石油危机，"情景规划"一举受到广泛关注。

简而言之，情景规划的方法主要是，选择对业务影响较大且预计可能发生变化的两个要素，根据其变化动向分别考虑出2×2=4种情景。该方法的关键在于，不是根据现有的地位来思考本企业应该向哪个方向发展，而是探讨企业所处的业务环境将来会如何变化，并在假设的新环境下，分析企业应该如何发展。此时，需要假设出4种未来的环境，并分别根据这些环境为企业的发展准备4种方案。

图2-5 情景规划矩阵

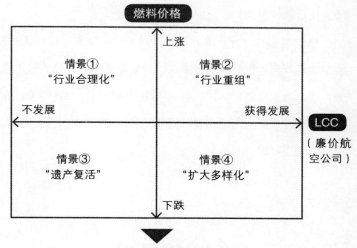

设定4类商业模式
思考"在该环境下如何生存下去？"

上图为对航空公司外部环境的考查。"廉价航空公司的发展"和"燃料价格上涨"被定为对业务有较大影响的不稳定因素。在此基础上，分析人员考虑"廉价航空公司发展构成威胁，不构成威胁"以及"燃料价格上涨导致成本增加，没有上涨"的4种情形，分别探讨在各种情况下航空公司应该采取怎样的对策。例如，在廉价航空公司发展的商业情景②下，可以预测到将会发生激烈的价格竞争；在其对角线上的商业情景③下，则可以预测到市场的稳定成长。然后，企业根据最具可靠性的情况来构建发展战略。

此外，情景规划的前提是，根据环境变化来动态地把握商业，因此需要定期重新反思已经研究过的情景和战略，准确反映新的环境变化。

情景规划并非万能的方法。但对于远离现实存在的认知偏见，客观地思考自身所处的环境来说，情景规划非常有效。运用这一框架，动态地思考经营环境，有组织地讨论如何应对新环境，能够提高企业对外部环境的敏感度，同时促进各部门间的对话，从而达到提高环境应对能力的效果。

05 环境是塑造商业的模具

■ 关注"边界"而非业务本身

第58页的图2-6是著名的"鲁宾花瓶"。由于该图像以"花瓶"命名，许多人只意识到花瓶的存在，从而关注花瓶的细节部分，试图理解它的特征。不过，还可以从另一个视角解读这幅图，即"两个人在相向而视"。意识到这一点的瞬间，人们会感觉图像的外侧部分才是主体，而内侧部分只是背景图案。

我在过去的商业模式理论的基础上想额外强调的，正是与此类似的思维方式的转变。用这张图片来做比喻的话，可以将内侧"花瓶"部分视为商业模式、将外侧部分视为环境。迄今的商业模式理论几乎全都只是单纯地关注花瓶，通过分析其细节部分，指出"该商业模式包含○○优点和××缺陷""该商业模式在△△方面不同于其他商业模式"等。

图2-6 商业模式理论的视角

过去的商业模式理论

只关注花瓶

本书的商业模式理论

关注与周边环境的关系

但我认为，在急剧变化的环境下统观商业、思考新的商业应有的形态（即商业模式的革新）时，不能单独地、内向地思考企业的情况，而应该关注外部的环境以及企业与其之间的关联。例如鲁宾花瓶，也可以这样来看，即正是由于有两个人相向而视，人们才能看出花瓶的形状（即商业模式由周边环境决定）。

如前所述，在管理资本主义的世界里，企业一般认为，应该根据以自身竞争力为中心设定的目标，合理地配置自身的商业模式。但是，商业模式在任何时代都不是独立存在的，现有的商业模式形态是企业与周边环境相互磨合之后才形成的。

可以说，商业模式是在环境的模具中被塑造成型的，而不是在白色画布上按照自己喜欢的形状描绘出来的。企业需要在理解了这一点的基础上，在随时关注周围情况的同时持续地构建其商业模式。

■■ 为防盗而诞生的康查士系统

管理资本主义常常认为经营者能够随心所欲地创造业务，并觉得应该这样做。他们常试图像在广阔的平地上砌砖盖房一样来设计企业业务。

但是，这种做法不适合今天的现实情况。因为商业受周围环境的影响很大。特别是在现代，技术革新、消费者动向以及竞争形式的变化等企业无法依靠自身力量去掌控的要素越来越多，因此大多数情况是即便费时费力地思考出一个商业模式，也不得不随着周围的变化不断进行调整。

在此以工程机械厂商小松制作所为例加以说明。小松制作所通过应用GPS或ICT的新型系统，为客户提供了与其他企业迥然不同的服务，构建起自己特有的商业模式。因此，小松制作所成为商业模式教材中的经典案例，最近在物联网（IOT，Internet of Things）和"工业4.0"等方面也被作为成功案例介绍。我之所以在此提出小松制作所的案例，是因为其成功建立在大量持续性努力和一系列偶然的机缘巧合之上。

小松制作所是一家因液压挖掘机及推土机而闻名世界的工程

机械及重型机械厂商。名为"康查士（KOMTRAX）"的车辆管理系统，是帮助该企业从亏损的危机中复活并在海外取得成功的原动力。康查士系统在液压挖掘机等工程车辆内部安装GPS和各类通信器材，能够远程管理车辆的位置信息和运作情况。

康查士系统诞生的最初契机是为了防止车辆被窃。20世纪90年代后期，日本的工程机械失窃现象较为常见，还发生过使用盗来的液压挖掘机毁坏ATM、抢劫现金的案件。这种情况下，正好小松制作所在1996年收购了开发运用GPS自动运行系统的美国创新企业模块采矿系统公司，得以成功构建起能使工程车辆一旦离开指定区域就发出警报，或者使其发动机无法启动的系统。这套系统获得成功，大大降低了工程车辆被盗的危险。此后，中国等国家的工程车辆被盗案件也由于使用康查士系统而减少，小松产品的可信度得到了大幅提高。

■ 现场发生了什么

康查士系统最初只导入了GPS，后来才开始利用各种传感器。当时，饮料自动售货机内部装有能够远程掌握商品剩余数量的系统。当时担任小松制作所经营企划室室长的坂根正弘先生（现为会长）得知后开始思考："是否也可以在工程机械内部安装传感器，测量发动机的运转时间或者燃料余量呢？"

于是，康查士管理系统帮助客户提高了工作效率。首先是机械运转率的提高。工程车辆在施工现场发生故障，会导致作业中断多日。尤其在南美、东南亚以及非洲等地的偏远区域，等待服务人员携带备件抵达现场进行修理，往往需要耗费相当长时间。

但是，如果安装了康查士系统，就能够推断出机械各零件的运转时间。当零件因磨损而必须更换的日期临近时，系统可以提前发出更换的建议，从而显著提高了机械的运转率。除此之外，康查士系统还能够进行资产效率分析，如"这台工程车辆的发动机运转了△小时，但作业时间却只有×小时，应该可以更高效地进行利用"；此外由于失盗案件的减少，车辆的保险费用也变得更为便宜。

■■ 工程车辆传感器带来的巨大价值

康查士系统给小松制作所带来了巨大的收益。与其他竞争对手相比，小松制作所工程车辆的价格绝不便宜。但由于在产生故障之前可以通过准确的维修及零件更换来保持较高运转率，所以能够得到客户好评，认为"本钱得到充分回报"。因此小松制作所得以在全球市场稳步地扩大了份额。

此外，小松制作所的更换零件、维护服务被采用的机会增多了，相关部门的销售额也大幅上升。总之，小松制作所将制造销售型的原有商业模式转换为新的商业模式，即为客户的作业现场提供稳定、高效且实惠的支援服务。还有一个更大的特征是，能够收集有利于经营的数据。通过调查遍布世界各地的工程车辆的运转情况，掌握各地区的经济动向和未来的销售预期，从而可以制定出符合当地情况的销售策略。此外，还有可能尽早发现各地特有的不利因素。例如，如果发现高温多湿地区更常见的故障，就可以反馈给设计部门加以改良。

由于采用康查士系统，小松制作所的工程车辆实现了较高的商品价值。但是，小松制作所并非从一开始就制定了最终方案。

坂根正弘回忆道，小松制作所把发展方向切换至ICT，最初始于1990年在开发总部内设立了工程机械研究所。20世纪90年代，日本国内的工程机械总产值由2万亿日元减少到1万亿日元，各厂商不断上演降价大战，1999年3月小松制作所自创业以来首次出现连续赤字。为实现多元化发展而涉足的硅片生产业务（小松电子金属公司）也持续亏损，小松制作所不得不重新思考经营战略。

在时任社长安崎晓的带领下，小松制作所开始反思多元化经营，调整国内生产体系，推进全球化发展，重新构建了商业模式。此外，企业内部的董事由26人减至8人，并提拔任用年轻的骨干员工。

作为改革的一环，小松制作所设立了直接受社长领导的具有内部协调作用的e-KOMATSU推进本部。该部门运用IT技术来提高车辆现场运转率，降低终端用户经费，并力求扩大之前处于落后地位的租赁及维护服务等业务（工程机械相关市场中，新车销售所占比例为三分之一，其余三分之二为维护服务）。此时，小松制作所开始改变之前的生产优质产品、廉价销售的商业模式，改为构建附加服务的新商业模式。例如，小松制作所旗下的租赁企业Big Rental（现为小松租赁公司），使用计算机统一管理各店铺拥有的总计1600台工程机械的库存及运转状况，通过店铺之间互通有无，将实际运转率由通常的40%一跃提升到了80%。

2001年，接替安崎晓担任社长的坂根正弘采取出售小松电子金属公司等措施，继续整顿多元化经营，进一步推进以ICT化为中心的服务提升和差别化商品开发，并积极拓展海外市场。另外，康查士系统在初期阶段虽然得到租赁公司的高度好评，但15万日元的价格导致一般用户难以引进。为此坂根正弘果断决定，为用户免费配备康查士系统。此举使小松制作所得以积累了大量的宝贵数据。

据说此项划时代的决策与坂根正弘的亲身经历有关。20世纪70年代，作为提高质量项目的一部分，坂根正弘为了调查推土机的修理成本，曾经连续一个月追踪推土机的运转日报，切身体会到了数据无可替代的宝贵价值。在一系列的经营改革、持续不断的努力，以及诸多运气的眷顾之下，小松制作所最终构建了以康查士系统为代表的、具有划时代意义的商业模式。

06 企业"生态系统"

■ 企业之间的相互影响

多个因素发生连锁反应，构成了电商在今天快速成长的背景。例如电商销售额上升，快递行业收到的订单数量就会增加。快递行业判断电商领域具有成长前景，于是就会强化对物流管理系统和物流中心的投资，增加驾驶员和卡车的数量。其结果就是，物流效率提高，销售变得更加便利，电商的销售额进一步扩大，从而又会带来订单数量进一步增加，形成良性循环。

如上所述，新领域的业务必须与周边业务相互作用，共同向前发展。只有电商公司（销售公司）努力，情况并不会迅速发生变化。因为对销售公司而言，互联网技术和快递服务的发展都不属于其能够掌控的范围。但在销售公司持续进行新尝试的过程中，周围环境也随之变化。于是所有因素相互作用，最终在某一时刻发生了范式转移。

最近，"Ecosystem"一词备受关注，直译过来是"生态系统"，这里指多个企业和行业有机结合、相互协调、共同发展的环境。它与人们之前使用的"集群"（Cluster）的概念似是而非。关联业务范围较为广泛的汽车产业是典型的集群，爱知县的丰田市与美国的底特律市都是其中的代表。以汽车生产商为中心，关联企业分散在其周围，可以提高物流的效率，顺利进行信息交流，可以说是极为合理的集团。但是，这类集团的性质比较僵硬，虽然具有命运共同体的特征，但集团的性质轻易不会改变。因此，一旦汽车产业衰落，整个城市都将像底特律市一样随之衰败。

在"生态系统"里，各企业间的关系比"集群"更为松散，构成的集团更具有流动性。尤其是新领域的业务并不像汽车产业那样具有明确的目标和产业结构。某个企业或行业开始某项事业，会给其他企业或行业带来影响。然后，受到影响的其他企业出台新的措施，又进一步影响到其他企业或行业……

如同水面的涟漪会产生复杂的扩散，企业间的相互作用就是赫伯特·西蒙指出的创新特征之一"连锁反应"，促进其形成的环境就是"生态系统"。

■ 已经悄然成熟的时机

前文提到，对社会形成冲击的重大创新一般都如同S曲线所示，需要相当长的准备时期。因此我们需要注意，人们常常会"过快、过小"地认为，世界会因为新技术的问世而立即发生变化。

但是，现实中也存在一些如彗星般骤然闪现、瞬间便取得了巨大成功的事例。例如雅虎、谷歌、脸书等互联网企业就是其中的典型。它们在10年前几乎不被关注，如今却已经成长为拥有数亿用户的庞大企业。

那么，应该如何解释这些企业的成功？

创新的S曲线范式不适用于互联网企业吗？

我认为这些互联网企业的成功与S曲线并不矛盾。也就是说，互联网企业并非作为社会的突然变异而出现的，而是之前不断完善的信息基础迎来了临界点，在即将获得新成长之际，偶然被这些企业捕捉到了时机。

这些企业的成功出乎人们的意料。因为其创业者多是学生，其互联网业务并非划时代的技术，加之几乎没有资本实力，没有人会想到它们能够威胁到当时的行业霸主微软公司。为了理解这些互联网企业的成功，我们需要关注的是其所处的环境，而非企业本身。

它们的贡献在于，凭借赫伯特·西蒙所言的"专注"精神，将已有的技术与社会基础、应用者的素质等巧妙地组合起来，提出了前所未有的互联网利用方法（或人际关系的构建方法）。也可以说，尽管时机已经成熟（S曲线的助跑阶段接近末端），却尚未被多数人注意到的、潜在的创新机会依然大量存在。

■ 常被忽略的潜在创新

历史告诉我们，ICT革命在通过互联网最终对普通人的生活产生较大影响之前，实际上经历了漫长的岁月。计算机被作为商业机器来运用，已经有一个多世纪的历史。

距今约100年前，托马斯·沃森创建了旨在将计算机用于商业的IBM公司。在半个世纪后的1964年，该公司以企业前途为赌注，推出了具有较高兼容性的通用计算机System360，正是这一成功确立了IBM在行业里的龙头地位。

此后，IBM在1981年推出了The Personal Computer，即个人计算机。3年后的1984年，苹果公司开始销售Macintosh。这些事情发生在距今30年前。之后遵循摩尔定律[1]，计算机实现了性能的迅速提高，价格也大幅下降。

System360系列中的高级型号的性能为0.034 MIPS，存储容量是8MB。现在我的iPhone 6则为25000 MIPS，1GB内存。简单地说，就是处理速度提高到73万倍，主内存提高到了125倍。

此外，互联网的迅速普及形成了互联网企业的生长土壤。1988年，互联网在美国实现了商业应用。当时采用的是电话线路，因此价格昂贵，而且使用不方便。从2000年前后开始，宽带连接实现

---

[1] 摩尔定律（Moore's Law）：由英特尔公司创始人之一戈登·摩尔发现，指集成电路上可容纳的晶体管数目大约每隔18个月便会增加一倍，性能也将提升一倍。

了廉价定量联网服务，促使互联网实现了爆炸式普及。

1957年，西蒙在学会的宴会上发出预言，认为计算机将在10年以内打败国际象棋的世界冠军。遗憾的是，他的预言落空了。不过在40年后的1997年5月，IBM的"深蓝"计算机战胜了当时的世界冠军加里·卡斯帕罗夫。

西蒙的预言的确"过快、过小"。也可以说，是之后半个世纪的时间、诸多努力和资本的积累、各种关联产业及众多具有高超IT能力的人们，一起带来了互联网创新。

实际上，我们忽视了很多类似的潜在机会。除了高科技领域之外，例如拉杆箱或者能倒着放置的管状容器等，虽然已经没有技术制约，但都是较晚才实现了商品化。

■■ 经历了漫长发展过程的牙膏管和拉杆箱

带有拉杆和轮子的旅行箱的销售开始于20世纪70年代。它们最早出现在机场等场所，最近在街上也时常能看到。如今我们已经对拉杆箱习以为常，但以前却并不存在这样的商品。

车轮发明于距今数千年之前。为了便于道路规划，秦始皇对两个车轮之间的距离做了统一规定。另一方面，搬运行李的容器（类似行李箱）也同样是自古就存在的。

在日本的室町时代，武士们经常使用叫作"长持"的木箱用于收纳兼搬运，据说到了江户时代就已经广为庶民所用。这类木箱通常由两个人抬起来搬运，但当时也有在箱下安装车轮，名为"车长持"的货车。

但是，给小型行李箱或衣箱安上轮子，却经历了相当漫长的时间。在近代之前，普通人没有旅行的概念，也没有方便轮子滚动的道路，因此安装轮子的必要性和便利性都没有显现出来。

1972年，日本箱包厂商爱思（Ace）公司在用于海外旅行的大号行李箱上安装了4个轮子。当时该公司也销售新秀丽（Samsonite）特许品牌箱包，因此推出了第一个日本原创的、装有轮子的旅行箱新秀丽Silhouette系列。此后，轮子被安装在各种型号的旅行箱和皮箱上，尺寸也越变越大。到带轮子的拉杆式双肩包问世的20世纪90年代，则又经历了20年的时间。

图 2-7　成熟的机会

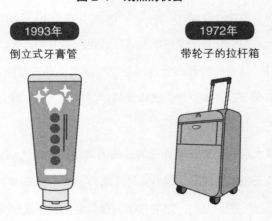

1993年
倒立式牙膏管

1972年
带轮子的拉杆箱

没有技术制约却经过漫长时间才实现商品化的案例

在20世纪90年代笔记本电脑刚开始普及时，重量接近2千克，挎在肩上是相当重的。另外，随着商业的全球化发展，到国外出差的人也越来越多。

以前，公文包多是使用结实的牛皮制作。1983年，新兴厂商途明（TUMI）公司最早推出了以轻便耐用的弹道尼龙布（美国陆军防弹背心所用材质）制作的公文包，随后尼龙包便迅速占领了市场。10年之后，该公司推出采用了轮滑鞋轮子的"Wheel Away"拉杆箱。此外，在日元升值的背景下，销售廉价国际机票的HIS公司登场，带来了日本人到海外旅行的热潮。

现在拉杆箱的主流是轻便、耐用且具有较高复原性的聚碳酸酯产品。另外，个人计算机越来越薄，平板电脑和智能手机开始承载相当多的功能。此外，书籍走向电子化，应用邮件和云技术的情况不断增加，预计公务旅行的形式将会进一步改变。

另一方面，牙膏等使用的软管在19世纪被发明出来，主要用于盛装颜料。软管的特征在于内部与空气隔离（高密封性），使用时可以用多少挤出来多少。后来软管被广泛用于软膏、黏合剂、牙膏等产品。

世界上最初销售管装牙膏的是美国高露洁公司（1896年）。当时，罐装牙膏最为普遍，但多人将牙刷伸进同一牙膏罐中，会导致卫生方面的问题。因此，使用方便、有利卫生的管装牙膏成为具有划时代意义的商品。顺带说一句，著名化妆品公司资生堂最早的商品就是罐装牙膏。软管最初采用锌、铝、锡等金属材料。由于金属价格昂贵，表面不利于印刷，且铅等对人体有害，将树脂与铝等金属结合在一起的层压管开始登上舞台。该材质兼具金属的高密封性与树脂的高复原性，也适于印刷，但同时也存在空气容易进入的缺点。

1969年，日本狮王公司（当时为狮王牙膏公司，1970年推出White & White特效美白牙膏）实现了层压软管的商品化，但倒立式软管的出现却并没有那么早。直到1993年，高露洁公司才推出高露洁清洁倒置式牙膏（Colgate Clean & Easy Stand-Up Tube Toothpaste）。最早采用将牙膏软管倒立放置的创意的，是5年前由竞争对手宝洁公司根据著名的IDEO设计公司的设计，在1988年发布的"Crest Neat Squeeze Tube"。不过当时并未实现软管的"倒立"。

将软管倒立放置，可以使膏体受重力作用下降至出口处，不用挤压就能轻松使用。但是，在注意到如此简单的事情时，自层压软管问世，已经过了20年以上的时间。

CHAPTER 03

从顾客视角看到的

01 潜意识中的"生产者"逻辑

■ 逐渐偏离实际的信息

事业成功步入正轨之后，组织将围绕当时的对象顾客与提供价值进行设计，以实现当前业务的最优化。换句话说，为了在竞争中获胜，企业会沿着供应链，高效配置自身所拥有的人才、组织、技术等，并制定质量和成本方面的重要活动指标，不断加强协作。

在此状态下，企业内部的各个部门以及每位员工被要求在划分的目标与责任范围之内，发挥出最大的工作能力。其结果是，大家都变得只盯着眼前的工作。例如，担任某企业销售职务的员工，为了获得更多的合同，会努力确保与目标顾客见面沟通的时间，以便专心倾听他们的意见，不断思考办法去解决他们所面临的问题。而如果去拜访不归自己负责的顾客，则可能会被上司责备道"没效率！别闲聊，快去工作"。

在这种情形反复上演的过程中，流入组织内部的信息在数量和质量上都会逐渐出现较大的偏颇。目标顾客以外的信息渠道越来越窄，接触到新的顾客需求的可能性变得极为有限，而且即便知道了新的顾客需求，员工也会漠不关心，认为"这个信息与我无关"。

相扑选手为了在与对手的力量比拼中获胜，会摄入大量食物来增加体重。另一方面，马拉松比赛运动员为了长距离奔跑，别说赘肉，就连用不到的肌肉也要减掉。他们都是为了在现有规则下获胜，而进行肉体改造。

企业也在做与这些运动员同样的事情。其结果就是提高现有业务的效率。但在另一方面，它们也因此削弱了适应新环境的能力。

02 何为"顾客体验价值"

■ 司机为什么在上班途中买奶昔

我们自以为在某种程度上掌握了本企业顾客的需求与渴望，但实际上却是对此几乎并不了解。成熟的社会更是如此，需要的东西在一定程度上都已经齐备，再想满足某种欲望时，消费者面临很多选择。

克里斯坦森在《你要如何衡量你的人生》（How Will You Measure Your Life）一书中，把消费者购买行为背后所包含的真实目的和欲求称为"应该做的事（Job to be done）"，并以司机在早晨上班途中购买奶昔的情况为例进行了说明。起初，奶昔店根据过去的顾客调查数据，试图通过增加口味种类和配料来增加销售额，但都失败了。于是，奶昔店着手调查顾客（多为开车上下班的商业人士）购买奶昔的真正原因，最终了解到顾客需要的是可以很快买到、能填饱肚子、可单手拿住、不会弄脏衣服、为了打发无聊的时间可以吃很久的商品。此后，奶昔店减少商品种类，添加能够在嘴里保持较长时间的大块配料，并采用自动售货机销售，结果获得了极大的成功。

反复思考商品对于顾客的价值，是商业经营中最基本的工作，在探索商业模式时也不例外。

人们购买商品和服务，一定会有"目的"。但是，该目的与商品直接联系在一起的情况却出人意料地并不多见。例如，我们想象一下闷热的夏季假日。你受不了散步时的汗流浃背，为了凉快一下而拿出了钱包。你或许会买冰淇淋和清凉饮料，或许会去开着空调的咖啡厅乘凉，或者甚至也有可能去电影院看一场恐怖电影。

为了达到"凉快"的目的，消费者从各种各样的商品或服务中选择一项。在物质丰富的现代，问题的解决手段不止一种。

但是，在企业中工作，人们却注意不到这种简单的事实。冰淇淋公司只想着与其他冰淇淋公司竞争，将自身价值限定为提供美味的冰淇淋，只把冰淇淋的种类、品质以及价格等作为研究对象。然而，在消费者看来，咖啡厅和电影院也完全可以是冰淇淋的竞争对手。如此一来，除了商品本身之外，企业还需注意能够满足消费者潜在需求的其他要素，如店铺的设计和店员的服务等，使之能够满足消费者的需求。反而言之，为了提高包括商品和服务在内的整体的体验价值，需要忘掉行业及企业的框架和习惯等供给方的情况，这一点非常重要。

深陷企业组织之中，精心构建的供应链等机制和习惯会使人们的视野变狭窄，而且会在无意中受到"我们的业务就是这样"的固定观念的束缚。然而，消费者对行业及企业的框架等并不关注。

如今，便利店在提供快餐方面投入了大量精力。马铃薯、鸡肉以及关东煮等食品增加了种类，同时价格低廉的自助式咖啡"7-11咖啡"也大受顾客欢迎。另一方面，以便宜为卖点的连锁餐厅进一步引进中央厨房，已经几乎不用在店里进行烹调，而是用微波炉加热现成材料，然后提供给来店的客人。这与便利店提供的快餐几乎没有什么差别。

随着高性能且节省空间的咖啡机的出现、中央厨房的发展等技术发展，便利店和餐厅之间的界限正在逐渐消失。拥有就餐空间的便利店，在消费者看来就是简易的餐厅。在此背景之下，"我们是零售业"、"我们是服务业"等自我规定，只会妨碍新商业形态的自然发展。

■ 如果你想给松饼搭配奶油和香蕉

"顾客体验价值"是从根本上审视现有业务的最终依据。

下面介绍一个我自己的亲身经历。有一天，我去星巴克买松饼。星巴克的特点是，饮料和食物都有多种选项，顾客可以根据自己的喜好来选择。当时，我觉得只搭配枫糖浆似乎不够，于是问店员是否可以选择奶油和香蕉来搭配松饼。

根据星巴克的菜单，是可以追加奶油的，收银台旁边也有香蕉出售，因此我虽然觉得有些勉强，但还是本着试试看的心理点了自己想吃的东西。我想这些材料店里都有，只要支付追加费用，从技术上来看是可以满足我的期望的。

但是，店员的回答却远远超出了我的预期。

她说：“请问您需要加巧克力酱吗？”

听到这句话，我顿时切身感受到了星巴克的了不起之处。

如果是在日本国内的咖啡连锁店，店员多半会以“菜单上面没有”为由断然拒绝。或者即使勉强满足我的任性要求，恐怕也只是完全按照我说的来做。然而，此时星巴克店员为了让食物更加可口，又主动提出添加巧克力酱的建议。于是，这家店对我这个顾客而言就成了特殊的存在。我认为，这就是星巴克的优势之源，是它所提供的价值，而不是单纯地隔着柜台销售饮料和食物。

此外，星巴克还提供追加浓度和糖浆的服务，也接受把牛奶变为豆奶的个性要求。那么，星巴克为何要引入这些机制呢？

在某种意义上，星巴克的做法对顾客来说有些麻烦，但同时也可以给予顾客更多的满足感。这样可以提供一种体验，即“通过与顾客交流，为其提供多种选择，从而最大限度地满足顾客的愿望”。从顾客的角度来看，可以产生一种宛如主人般的心情（至少我个人感受如此）。

由于不了解这种顾客体验的价值以及实现该价值的方法，日本国内的咖啡连锁店虽然能够在店铺布局和商品等形式上进行模仿，却无法获得与星巴克同样的体验价值以及追求这种价值的忠实顾客。

▉▉ 只在表面上模仿星巴克的日本企业

星巴克首次登陆日本是在1996年。品位高雅的内部装饰、带户外露台的店面格局以及精致的菜单等大受人们欢迎，尤其在女性顾客中具有很高人气。目前，日本国内的星巴克店铺数量已经超过了1000家。

面对星巴克取得的巨大成功，感受到压力的日本国内咖啡连锁店出台了相关对策，纷纷在菜单和内部装饰等方面模仿星巴克。罗多伦咖啡（Doutor Coffee）公司旗下的连锁店"Excelsior Caffé"曾因使用酷似星巴克商标的商标而引发纠纷。

但是，尽管对星巴克做了如此充分的研究，日本国内咖啡连锁店仍然未能取得与星巴克比肩的成果。

这是因为国内咖啡店仅仅模仿了星巴克的形式，而未能理解其根本的价值。他们也能提供品质优良、味道醇厚的咖啡，也有一些店铺准备了舒适的座椅和精美的杯子来招待顾客。但是，星巴克最大的优势不是这些。2011年，星巴克从公司名称和商标中去掉了"咖啡"一词。因为咖啡早已不是其提供给顾客的价值的核心。

▉▉ 提供"非日常"体验价值的冰淇淋店

前文讲过，现代是商品难以售出的时代。就拿咖啡而言，街上有很多家咖啡厅，自动售货机里也有各种罐装咖啡。但即便如此，光顾星巴克的人数却并未减少。因为这里能够提供与众不同的"顾客体验价值"。

能够提供类似的顾客体验价值的企业还有酷圣石冰淇淋店（Cold Stone Creamery，以下简称"酷圣石"）。

店员在冰凉的花岗岩台面上搅拌冰淇淋和配料，根据每位顾客的喜好，为其提供原创花式冰淇淋。这一点与星巴克很相似。酷圣石的另一特点是，店员会为点了大杯冰淇淋的顾客献上欢乐的歌声。到时，整个店面犹如剧场，体现了所谓的"剧场概念"。

酷圣石把员工看作是表演者，因此兼职面试被称为"试镜"，会组织他们表演短剧。管理者以此来确认候选者取悦顾客的意愿，以及与队友共同活跃店面气氛的态度，然后决定是否录用。虽然费时费力，但这样在各个角色到齐后，店铺便可以实现剧场化了。

正是因为有着周到的计划和准备，酷圣石除了"美味的冰淇淋"之外，还能为顾客提供附加价值，即"可以让你享受快乐时光的冰淇淋店"。

酷圣石出售的不是冰淇淋这种商品，而是名为"10分钟娱乐"的体验。在这段时间里，顾客可以回归童心，尽情地享受自己喜爱的美味冰淇淋。由此，酷圣石便与其他冰淇淋店截然不同。

顺便说一句，在2011年"最具工作价值的公司"调查当中，酷圣石在中小企业排行榜中被选为日本第一名。

03　打破偏见，寻找新的入口

■■　顾客真正"应该做的事"

今后的商业要求更加重视"顾客意向"。正由于现代社会物质充裕，提高顾客体验价值才成为有别于其他企业的关键。

在这一潮流的影响之下，越来越多的企业提出"顾客意向"的概念。但是，其中大多数企业仍然停留在从本企业的视角出发，"观察顾客来思考业务"的层面。

在根据企业构建的供应链实现了最优化的分工体系框架下，企业在不知不觉中变得只会从供给者的立场出发来思考问题。具体负责的员工也是如此。他们只会从市场营销负责者、销售负责者的立场出发，来思索"自己负责的顾客对公司有哪些不满和期望"。

但是这样就无法像星巴克一样，从顾客的视角出发，来思考

"顾客真正需要的体验价值是什么"。更不用说，日本的咖啡连锁店当中，还远不会出现从商标里去掉咖啡字样的企业。

为了理解克里斯坦森提出的顾客真正"应该做的事"，我们必须"站在顾客一方来思考"。顾客以怎样的心情来到店里？他真正希望得到满足的是什么愿望？究竟何种体验才能让他开心？当然，这些都是比表面看起来要更难的问题。点了咖啡的顾客，其实是为了咖啡以外的目的来的吧？可能有人认为这样的猜想是多管闲事。不管什么原因，既然顾客来喝咖啡，尽力为他提供好喝的咖啡才是店员的工作。可能一般人们都会这样想。

然而，想起自己的亲身经历，我觉得这些问题未必就没有意义。

我以前的工作地点附近有一家星巴克。所以我几乎每天都会去那里买一杯拿铁咖啡。但是，新的工作地点附近没有星巴克，而是有一家书店。于是，我在下班途中顺便逛逛书店的机会增加了，上下班路上读书的时间也更多了。也许这只是因为我在径直回家之前，想拥有一点自己独处的时间吧。

在查尔斯·都希格《习惯的力量》（*The Power of Habit*）一书中，我发现了一个与此类似的有趣故事。

有个人每天下午3点都会从办公室的座椅上起身，坐电梯下到1楼，在自助餐厅买上一份巧克力豆曲奇，然后一边坐在桌边吃曲奇，一边与其他员工开心地交谈。

但是，因肥胖而苦恼的这名员工希望改掉每天3点的习惯，尝

图3-1 对顾客意向的误解

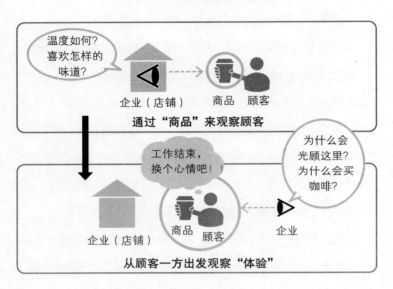

试继续待在办公室，却很难坚持下去。后来，这名员工开始思索自己去自助餐厅的原因，发现并不是为了去吃巧克力豆曲奇，而是想在工作间隙与别人随便聊聊。

于是，他决定下次去自助餐厅不买曲奇，只是闲聊。结果很令人满意，此后每到3点，他除了去自助餐厅之外，在办公室也可以与同事聊天，以此来放松心情。这个小故事告诉大家，我们甚至连自己的需求都并不完全理解。

■ 如何摆脱原有框架的束缚

考虑业务形态时有两个关键。首先，要在环境中给自己的业务定位，拥有动态的、俯瞰式视角。其次，要脱离原有业务框架，站在顾客的立场思考问题。无论要做到哪一点，都必须先摆脱习惯、角色以及KPI①等认知偏见。但是，虽然人们都希望"虚心坦怀""零基思考"，实际上我们却不可能清除自己的记忆，而且许多常识都在无意识中形成，因此逃离认识偏差是很难的。

在此，我建议大家从各种视角出发，多角度、宏观地俯瞰业务。拥有多个视角，可以将之前的看法和思维方式相对化，发现更多的选择，从而将使我们的思考变得更灵活。

特别是在分工体系中变得视野狭窄的人，希望他们能够把目光转向组织的外部，关注时代潮流及环境的变化，找到有助于重新审视自己所处位置的线索。

本书第2部分介绍的是，俯瞰商业的"7个线索"。通过解读具体案例，考察划时代商业模式的形成经历以及其背后的新现实。

现代的商业环境可谓瞬息万变，犹如时刻变换姿态的大海。在这样的环境中，拿着陈旧的地图是毫无用处的。新的未来是没有地图可循的。与地图相比，我们更需要判断方位的指南针，以及捕捉周边状况的灵敏嗅觉。因此第2部分将会介绍一些线索，帮助我们消除自身的偏见，更好地把握商海中的寒暖流分界线。

---

① KPI：关键绩效指标（Key Performance Indicator）是一种目标量化管理指标，是把企业的战略目标分解为可操作的工作目标的工具，用于衡量工作人员的工作表现。

PART 2 案例篇
•——"俯瞰"商业

CHAPTER 04

实现创新的7个线索

01 创新的线索就在身边

■ "别人的成功"

从这部分开始，我将介绍一些案例。其中多数为成功案例，也包括少数失败的案例。

此处的重点不是"学习过去的成功案例"，而是从过去的成功案例中得到有益的启示。因此我没有过多解说案例中的商业模式本身，而是侧重于介绍商业模式形成的过程及其背景。

商业受环境的影响很大，而企业几乎无法依靠自己的力量来控制环境。

前文提及的小松制作所以康查士系统为核心的革新性商业模式，也是在多种内外因素的综合作用下，才得以形成的。这些内外因素包括，以2000年经营困境为契机转向综合服务（强化租赁及维护业务），租赁部门运用IT技术成功进行了机械运转管理，收购美国创新企业，中国等新兴国家兴起建设热潮，坂根正弘社长（当时）做出将康查士系统作为标准化装备的英明决断等。

的确，向小松制作所学习，企业可能会借此实现自身的转变。如由商品销售型业务转向提供解决方案的业务，或者运用ICT技术创建新的商业模式。但是，如果在套用的过程中发现本企业与小松制作所的情况截然不同，企业或许会灰心丧气。

在工程机械行业，竞争对手早已开始仿效小松制作所的商业模式，竭力追击。但是，由于拥有先行者的优势，小松制作所的地位不会轻易地发生动摇。

商业环境每时每刻都在发生变化。因此，将案例从周围环境中剥离出来，单纯地学习成功的商业模式，并不能对自身业务创新发挥作用。

■ 从过去的案例中汲取精华

当然，研习案例并非毫无意义。过去流行的商业模式由于符合了当时环境而获得了成功。因此，即使环境和行业不同，学习各企业如何应对当时的环境、如何采取对策，都可以成为良好的参考。正如第47页介绍的赫伯特·西蒙的故事一样，他在描绘计算机的未来前景时，也回顾了蒸汽机引领工业革命走向成功的历史。

重要的是，要从过去的案例中汲取"有利于获得新视角的精华"，并为自己所用。为此，我们应该身临其境地思考各种案例，去分析"究竟如何想到这种方法的""为何其他公司没有模仿"等问题。此外，我们还应该将思路扩展至宏观经济环境、消费者的需求、行业结构、竞争对手及新加入企业的动向等，充分发挥想象力，去探明经营者究竟对什么事情感兴趣、他们看到了怎样的机遇、如何应对环境等。

02 影响业务的5大环境要素

■ 影响商业模式的外部因素

我们首先需要做的是，正确理解案例中介绍的企业当时处于怎样的环境之中。然而，"环境"具体指什么，或许大家并不清楚。以下就是影响商业模式的5大环境要素。

（1）顾客（customer）

（2）员工（worker）

（3）相关产业（related businesses）

（4）技术（technology）

（5）社会基础设施（infrastructure）

通过研究各类案例，可以发现在新商业模式的形成过程中，上面的这5大要素都会产生较大影响。因此，在探讨具体案例之前，我们首先简要梳理一下这5大要素的基本内容。在此基础上，再去思考各个企业是如何改变发展方向的，就可以获得很多发现。

■■ （1）顾客 （customer）

那么，就以电商为例，来分析这5大要素。

首先来看（1）顾客。尤其在B to C的商业形式中，了解顾客的需求、生活方式以及购买行为的变化是最为重要的。

在电商普及之前，说到人们买东西的地方，往往是指百货商场、超市、家居用品中心等零售店铺。但是，这些店铺都存在一个较大的制约条件，就是关门时间太早。

20世纪80年代之前，"丈夫在外工作、妻子担任家庭主妇"的家庭占大多数。但进入20世纪90年代后，双职工家庭的比例开始上升。另外，特别是城市人群中，开始出现以夜晚为生活时间段的趋势。因此，消费者与原有零售业之间产生了明显的时间差。

此外，消费者的喜好也日趋多样化。在昭和时代（1926—989年）的电视剧中，晚餐小酌的场景里出现的只有日本酒或啤酒。但经济泡沫时期以后，随着日本走向富裕，餐桌上出现红酒或鸡尾酒已经不再是新鲜事。在包括时尚、饮食在内的所有领域，消费者的需求都变得更加多样化和复杂化。在此过程中，百货商场的商品种类已经无法完全满足顾客的喜好。而电商则不存在物理上的制约，顾客可以从占绝对优势的商品种类中选择自己喜欢的东西。

再者，人们逐渐习惯了在网络上购物，这也是一个重大的变化。10年前，不少人会对网络购物感到担忧和恐惧，如"价格虽然便宜，但能是正品吗""商品真得会送到我手里吗""信用卡账号被盗就糟了"等。但如今，几乎所有人都能顺理成章地享受网络购物的乐趣了。在电视购物中，价值数千万日元的限量款奔驰汽车眨眼间就卖出去好几台。特斯拉汽车公司推出第一款电动车型Roadster时，有人在尚未看到价值近1000万日元的商品实物时，就通过网络下了订单。

在新商业模式获得成功的背后，多是发生了这种"消费者的变化"。

■ （2）员工（worker）

在一些案例中，员工的变化也对业务产生了影响。

在现代的电商中，商品在订购次日或当日送达的情况已很普遍。这意味着夜间就有员工在处理收到的订单，从仓库中提出商品，发往消费者所在地。此外，深夜营业的超市、家庭餐厅等也越来越多。1985年，日本国内的便利店数量为7000多家，而2014年则突破了5万家。越来越多的劳动者不再抵触深夜上班。因此，网络销售的网站以及快递公司也就更容易确保拥有深夜工作的员工队伍。

网络销售公司企划部门的员工意识也不断更新。在电商初创时期，人们有一些成见，认为适用电商的商品只限于书籍、电器产品等"在哪买质量都相同的商品"。但是，随着网络销售公司员工经验的增加，以及亚马逊、乐天等成功经历的积累，过去不曾涉及的高档名牌商品也开始在网上销售。如今，服装、高档珠宝、生鲜食品等都可以在电商网站上出售。

企业工作人员的意识和生活方式，在思考商业模式时常会成为盲点，但其实具有很大影响。

■■ （3）相关产业（related businesses）

下面来看商业伙伴等的动向。

仅凭亚马逊、乐天的独自奋斗，电商不会获得成功。运送商品的快递公司、提供结算系统的信用卡公司、在互联网商场开店的零售店铺等，正因为有这些合作伙伴提供了支撑业务的机制，电商才实现了今日的繁荣。反过来，在具有厂商、批发商、销售商等行业结构的传统行业，即使一部分企业希望变革，也很难改变整个行业。

此外，企业还必须关注竞争对手的存在。最近，越来越多的厂商或零售店也开始展开网络销售。例如，家电量贩店友都八喜公司（Yodobashi.com）的网络销售部门已经成为亚马逊的强劲对手。此外，索尼等厂商也出现了由自己公司扩大网络销售业务的动向。当新的渠道出现时，过去未曾预料的竞争也会不断登场。总之，游戏规则发生了改变，企业必须研究与之相应的竞争方法。

■■ （4）技术（technology）

当然，技术的发展也会促进创新。工业革命的诱因是蒸汽机的改良，而催生信息革命的，是以"摩尔定律"为代表的计算机的飞速发展及互联网的爆炸式普及。SNS的普及使人们可以根据其他消费者的评论而非厂家的介绍，以及网络提供的价格比较服务，实现更划算的购物行为。不过需要注意的是，即使出现了颠覆性技术，市场也并不会立即发生剧烈变化。在周边环境没有完全成熟时，薄弱环节会成为瓶颈，市场无法实现迅速扩张。从技术革新到实现创新，需要的时间会远远超过我们的想象。

■ （5）社会基础设施（infrastructure）

社会基础设施支撑着企业的销售活动，连接着企业、消费者和相关产业，也是环境中的重要因素。例如物流服务、通信服务、金融服务以及社会制度等都属于社会基础设施。

在亚马逊创业之初，网络购物的利用者人数极少。然而，随着互联网的普及，电商的销售额也开始增加。随后，由于通信费降低，通信速度加快，以及图像、视频显示速度提升，电商网站可以利用可视资料来发布信息。因此商品的魅力能够更方便地传递给消费者。此外，结算安全性的提高以及物流服务的发展也为电商销售额的增加做出了贡献。智能手机等的普及也逐渐开始改变电商的业务形式。最近，得益于手机终端性能的提高，越来越多的人可以在电车等处购物。总之，持续成长的互联网企业并非单纯依靠自身的力量，而是充分地享受到了这些社会基础设施的发展所带来的好处。

03 实现创新的7个线索

■ 摘掉"有色眼镜"

人类原本就是"习惯性动物"。当相同的状态一直持续、作业形成程序化以后，大脑就会适应，几乎在无意识间就可以迅速应对。大脑的活动效率得到提高，消耗的能量也逐渐减少。熟练工匠的技能就是通过类似的训练掌握的。

但是，一旦形成的习惯是很难改变的。而且，如果身处管理周密的组织之中，分工体系与职能划分将导致人的视野越来越狭窄。

如前所述，企业会根据现有业务（对象顾客和价值命题）实现最优化设计，去除没有价值的内容。于是，随着组织的发展和分工的深入，企业就会变得只能接受有限信息。

在如今瞬息万变的环境当中，如果处于习惯和组织导致的视野狭窄状态，企业将很难适应环境。就算要求企业"拓展视野""避免受常识束缚",要开始进行具体的、更有益的思考却并非易事。

我在这里想介绍一个有效的方法,即"强行改变自己的视角"。这是指摘掉之前的"有色眼镜",换上视角更宽广的观察工具,通过对环境进行总体性考察,获取更加自由的视角。具体的材料就是各种商业模式的案例。目的是把握业务的整体情况及其所处环境,而非其具体功能和机制。

后文介绍的案例均拥有个性独特的商业模式。我根据创意角度的不同,将这些案例分为7个类型。由于一个案例中包含多个新创意,分类不一定十分严密,主要是为了方便理解各个视角。

图4-1 俯瞰商业的"7个线索"

① 反思现有的业务形态

→ 追溯"过去的历史",找到出发的原点

② 洞察顾客的真正需求

→ 站在"顾客"的立场,深究其购买目的

③ 发现新现实

→ "偶然的成功"背后,是未被关注的事实

④ 未来在哪里

→ 着眼"极端市场",探索创新的前兆

（接上图）

> **⑤ 从阳台看到的风景**
>
> → 超越"集群"界限，探寻远方的线索

> **⑥ 当环境迥然不同时**
>
> → 扎根于"异国"，以当地视角来探讨

> **⑦ 立志为社会做贡献**
>
> → 解决社会问题，寻求超越"商业"的协作

思考之前，我们需要提问。

本书为了便于读者身临其境地思考案例，将分为7类的创意角度，作为俯瞰业务整体的"7个线索"来介绍。

希望读者通过这7个线索，能够在"新语境"下重新理解现有业务，开拓自己的视野，从而把握住创新的契机。

CHAPTER 05

反思现有的业务形态

追溯"过去的历史",找到出发的原点

01 歌舞伎——超越古典表演艺术的两个尝试

■ 传统商业的创新

首先，在传统商业的创新方面，我想介绍古典表演艺术和老字号点心的案例。从业已确立的社会声誉和品牌、招牌商品等方面来看，传统商业会给人固定化业务的印象，但为了长期维持其卓越地位，传统商业也必须不断地进行自我革新。

歌舞伎在江户时代本是大众化娱乐，但随着第二次世界大战以后欧美文化的流行和电影、电视等新娱乐方式的出现，逐渐退居"古典表演艺术"的地位。歌舞伎演员不断努力在电影或电视领域开拓新领地，其成就已经不限于歌舞伎。但歌舞伎本身却日益成为距离平民百姓越来越远的存在。

歌舞伎没有任何国家补贴，如果不能以商业表演的形式吸引现代观众，将难以存续。因此，歌舞伎领域为了恢复原本的风采和气派，除了单纯的外在形式之外，还进行了多种尝试。

■■　与时共进的歌舞伎表演

歌舞伎的词源是"倾"①。其含义为采取华美且不合乎常理的外表或行为。此外，这样的人被称为"倾者"。也就是说，自诞生之日开始，歌舞伎就是一种崭新的艺术（或者说更是江户时代平民的一大娱乐）。此后，歌舞伎在历史进程中也曾经历停滞不前的时期。但在现代，凭借不逊于百老汇音乐剧的舞台布景、新颖奇特的服装，以及华丽炫目的角色变化，歌舞伎能为观众带来极大的艺术享受。

1986年，第三代市川猿之助创造了"超级歌舞伎"《日本武尊》。这是歌舞伎的一项重大创新，给人们留下了深刻的印象。它积极借鉴歌剧、小剧场等现代戏剧的经验，台词也采用了比较通俗易懂的日语。自2015年秋季开始，第四代市川猿之助又以"超级歌舞伎Ⅱ"推出了漫画《海贼王》等崭新的题材。此外，歌舞伎还积极策划海外公演。

歌舞伎属于传统艺术，1965年被指定为重要非物质文化遗产，2009年入选联合国教科文组织非物质文化遗产名录。因此歌舞伎背负着必须注重固定形式的宿命。但是，有关人士也深刻地认识到，歌舞伎的起源从根本上讲在于"大众表演艺术"。所以需要经常性地持续展开别开生面的挑战，才能为观众带来艺术的享受。

---

① 是一个动词，日语写作"傾く（かぶく）"，读作"Kabuku"，歌舞伎（Kabuki）的读音与其连用形式相同。

■■ 村上隆的流行艺术也是顺应时代潮流的挑战

挑战也出现在传统的歌舞伎界。歌舞伎演员逐渐开始与现代著名导演展开合作。从1994年开始，已故第十八代中村勘三郎（当时是第五代勘九郎）与导演串田和美携手，在涩谷Cocoon剧场表演歌舞伎。随后，野田秀树也与宫藤官九郎合作，在歌舞伎座进行了公演。此外，菊五郎剧团在蜷川幸雄的导演下上演了莎士比亚的《第十二夜》。继而，市川海老藏以宫本亚门为导演，开始独立运营EBIKAI歌舞伎演出活动，之后又于2015年以宫藤官九郎为编剧、以三池崇史为导演创立六本木歌舞伎。此外，市川染五郎在2006年出演了三谷幸喜创作兼导演的PARCO歌舞伎之后，于2015年邀请新感线剧团的导演猪上秀德和编剧中岛和树，挑战名为"歌舞伎NEXT"的新歌舞伎。

已故第十八代中村勘三郎通过积极推动海外公演、尝试用英语表演歌舞伎等方式，为歌舞伎带来一股全新的风气。年轻演员们则继承了他的足迹，不断地进行新的挑战。当全球化发展迎来新阶段之际，在日本人深入探究自身个性和自我价值的当今时代，期待歌舞伎今后能够获得进一步发展。

众所周知，描绘歌舞伎表演者的"浮世绘"后来传至欧洲，对莫奈、马蒂斯等印象派画家产生了重要影响，如今已经获得"艺术作品"的地位。日本的流行艺术家村上隆现在则正要尝试现代版"浮世绘"。

村上隆毕业于东京艺术大学美术系日本画专业，曾经与冈仓天心同样属于日本艺术界的保守派阵营。如今，他因创作以动画等为题材的流行艺术作品而受到好评。

对村上隆由日本画向流行艺术的转变，或许有人会觉得奇怪。但他的挑战却是合乎道理的。

今天，浮世绘被认为是"艺术"。但在江户时代，它所承担的角色却与现代的时尚杂志、图片杂志，甚至是漫画杂志相似。因此，村上隆认为，以动画为代表的现代流行艺术正是现代版的浮世绘，是未来的艺术。

我认为，村上隆的这一思维方式非常重要。任何价值都需要依存于时代背景。时代和价值观发生了变化，艺术的表现形式就也应该改变。在这一点上，商业模式和艺术是完全一致的。

02　中村屋、虎屋——在反复创新中不断前行

■　曾经是革新先驱的中村屋

中村屋是创立于1901年的点心厂商。1904年，中村屋在日本首次推出奶油面包，受到热烈的欢迎。此外，使之前只有中国餐馆才能吃到的"包子"在百姓中得到普及，日本最早供应不同于欧式咖喱的"印度式咖喱"，据说都是来自中村屋。

中村屋的店铺格局在当时也是别具一格。其内外装饰都选用了充满异国情调的西洋风格。招牌上的店名则由当时著名书法家中村不折题写。

得益于创始人的人格魅力及其对艺术的支持，从明治时代末期到大正时代，中村屋吸引了众多作家和艺术家的光临。高村光太郎、内村鉴三、松井须磨子等各领域的著名人士纷纷造访中村屋，使其不知不觉间获得了"中村屋沙龙"的名号。

当时，中村屋的形象是，一家极具革新性和先驱性的店铺。

但是，这种形象却渐渐消退了。在历史不断前进的过程中，中村屋或许丧失了往日那种"常以革新为宗旨"的精神。结果导致外界现在对于中村屋的普遍印象，只不过是一家生产在便利店销售的包子的公司。

■ 不断创新的虎屋

与中村屋形成对照的是"虎屋"。它是创立于16世纪初室町时代晚期的日本点心铺。从后阳成天皇在位期间（1586—1611年）开始，虎屋就是皇室的御用店铺，一直延续至今。"虎屋羊羹"更是深受大众的喜爱。

虎屋的历史较中村屋更为悠久。但是它并未固守传统地销售代表产品，而是不断出台新举措，保持持续成长。

图5-1　也能提供西式点心的虎屋咖啡厅

例如，1927年，为了确保高品质白小豆的供货，虎屋在群马县政府的协助下，开始实施合约式种植。20世纪80至90年代，虎屋在巴黎和纽约成功开设了分店。早在2000年，虎屋就开始了网络销售业务。此外，虎屋在员工自我提升支援制度、护理休假制度以及提高女性员工待遇等方面的措施都领先于其他企业。

2003年，虎屋设立"虎屋咖啡厅"，专门提供超越日本与西方界限的新式点心。还推出了将馅料装入瓶中，让顾客当作果酱享受的"馅酱"。

"最重要的是'当下'"，这是虎屋董事长兼总经理黑川光博最重视的观点之一。这也体现了虎屋拒绝固守品牌、根据时机动态调整经营方向的态度。

■ 老字号更需要持续创新

对中村屋而言，回顾自身的企业历史是一个有效方法。只有如此，经营者才能够认识到中村屋受到爱戴的原因以及老字号延续至今的原动力。在创业初期，中村屋为顾客提供的价值是"提供时代'最前沿'的服务"，因此吸引了诸多名人的光顾，确立了顶级品牌的地位。

2014年10月，中村屋的"新宿中村屋大厦"新装开业。直营店推出融合世界饮食的原创菜品等，出台了各种新举措。

此外，中村屋近年来还策划了很多新潮产品，如单品价格超过

250日元的高档包子、单品价格超过1000日元的袋装咖喱等。如果这些努力获得成效，中村屋就可能实现业务的更新。

满足于往日的非凡成就、代表商品以及招牌等历史资产的企业很难继续生存。长期维持经营的老字号企业正是由于反复创新，才能作为老字号生存至今。最重要的是创业前辈的思维方式及当时为顾客提供的价值，而不是现在继承下来的商品和品牌等"资产"。

希望中村屋和虎屋这两家企业今后也能实现不愧于老字号地位的创新。

03 车载信息保险——用数据来规避风险

■■ 根据具体情况评估风险

本书虽然一直强调ICT革命带来的潜在性冲击，但几乎没有涉及以技术为核心的创新案例。原因之一是考虑到我们常具有"过快、过小"的认知偏见。特别是"大数据"和"物联网"等流行语出现以后，鉴于曾经的网络泡沫及其破灭的教训，我决定慎重使用这些流行语。

但是，我并没有低估技术革新的影响力。实际上，新技术确实正在推动传统业务发生变化。最近，随着技术的革新，一些具有划时代意义的保险业务得到了开发。一般认为，损失保险的历史开始于大航海时代。它基本上是出于分散风险的考虑，根据过去的统计数据估算出风险，然后确定保险费用。保险对象范围广阔，包括船货损失、房屋失火、汽车事故以及人的生命或疾病、人身事故等各类保险商品。

但是，随着近年来的技术进步，人们越来越容易获取各类对象的实测数据。利用这些数据，不仅可以预测统计学上的概率，而且能够根据不同对象的具体情况来评估风险。

如今，车载信息保险作为新型汽车保险，在全世界受到广泛关注。所谓车载信息服务（Telematics），是由电信（telecommunication）与信息科学（informatics）组合而成的词语。其基本原理是，通过设置在汽车上的专用端口，提取汽车的行驶速度、加速度、行车距离、行车时间等信息，使用组合了通信装置、GPS以及传感器的设备（车载信息服务装置）来进行测算。车载信息保险可以根据收集来的真实行车数据，决定参保者的保险费用。

过去的汽车保险根据参保者的年龄、性别、行车距离等来判断和决定保险费用。例如，年轻男性的事故率较高，因此保险费也被设定得比较高。相反，拥有金牌驾驶证[①]的优秀司机则可以享受保险费折扣。也就是说，根据统计数据来区分危险性较高的司机和较低的司机。对这种方法，也有人感到不满。例如，在行车距离较长的20多岁男性当中，也有很多人非常慎重，发生事故的风险极低。但是，在签订保险合同时，这些人仅仅因为是"20多岁的男性"，

①　在日本，如果驾驶员5年之内没有发生任何事故或违规的情况，即可换取"金牌驾驶证"。

就会被收取价格较高的保险费。

而英国ITB公司（Insure The Box）销售的车载信息保险则根据实际测量的个人行车数据来决定保险费多少。例如，只是偶尔驾车的"慢车司机"的保险费比较便宜，因为他们发生事故的危险性低于每天驾车的司机。另外，美国前进保险公司（Progressive Insurance）通过安装车载信息服务装置，可以掌握突然加速或者突然减速的频率，为注意驾驶安全的人提供保险费的折扣（美国已经对车载信息保险推出相关规定，允许对驾驶情况良好者的保险费给予折扣，但不允许对驾驶习惯欠佳者处以惩罚性收费）。过去的汽车保险根据"统计数据"来决定保险费。但是随着技术的进步，现在已经出现了根据"实测数据"决定保险费的车载信息保险。

■■ 用数据证明驾驶水平

车载信息保险对于平日重视安全驾驶的人有利。因为只要数据证明是安全驾驶，就可以享受保险费折扣。反过来也可以说，由于车载信息保险的普及，安全驾驶的人增多了。因为驾驶员考虑到"如果总是突然快速启动或车速过快，保险费会上升"，就会避免危险的驾驶行为。过去根据"统计数据"估算风险、由全体参保者共同分担的汽车保险，如今正在变为根据各驾驶员的"实测数据"来推算风险。可以预测，今后的发展方向将是根据"实测数据"，向驾驶员发出警报，从而规避风险，减轻负担。

爱和谊日生同和财产保险公司是致力于这一方向的企业之一。2014年12月，该公司宣布收购了英国车载信息保险领域知名企业Box Innovation Group 已发行股票的75%。2015年4月，它运用丰田汽车公司车载信息服务系统"T-Connect"，开始销售车载信息保险。这一保险服务可以提取汽车的行驶信息，根据行车距离估算保险费用，同时还可以通过专用的手机应用软件向驾驶员提出安全驾驶建议，并通过全年24小时服务的专用事故受理平台，为顾客提供事故及故障应对方面的服务。

爱和谊日生同和财产保险公司与丰田汽车公司关系密切。对丰田而言，提高汽车安全驾驶水平，能降低保险费用，可以促进人们使用汽车，从而提高销售额。而且，通过车载信息服务装置，还可以获取大量驾驶员行车数据。这些数据有助于提高本公司产品性能，或许还能为顾客提供其他形成全新驾驶体验的服务。也就是说，汽车厂商与保险公司之间已经开始形成新的关系。

■ 真实信息推进保险行业的新发展

健康保险和生命保险领域也出现了类似动向。

苹果公司2015年推出的"Apple Watch"中搭载了测量心率和加速度的传感器，可以随时监测使用者的运动量和健康状态。通过传感器监测运动量的做法始于耐克公司在鞋内安装的"Nike+"

以及Polar心率表，之后又有Jawbone智能手环等各种可穿戴测量仪纷纷面世，现在已经在商业人士中得到普及。

与汽车的车载信息服务相同，如果能够通过可穿戴传感器取得有关个人健康状态的真实信息，生命保险也有可能会发生根本性的改变。

一些海外企业已经开发和引入了基于可穿戴传感器应用的保险产品。例如，美国创新企业奥斯卡健保公司（Oscar Health Insurance）在通过互联网提供各种健康管理服务的同时，还与可穿戴传感器企业Misfit公司展开合作，根据一定的运动量来提供保险商品。由此，企业与参保者之间可以形成双赢关系。只要参保者稍微改善生活习惯，其健康状态将会得到提高，而保险的支出也会减少。

目前，个人健康数据还存在不少有待解决的课题，如尚未达到同汽车车载信息服务一样的准确程度，其与风险之间的因果关系未得到证明，以及需要保护个人隐私的对策等。

但是，随着社会日益走向老龄化，医疗费用负担的增加成为社会问题，如果新技术能够通过改善生活习惯，为提高人们的健康水平、降低医疗费用做出贡献的话，那么相关新型保险的出现无疑是值得期待的好事。

顺便说一句，传统保险是为了分散风险而存在的。为了当有人得病时能得到帮助，大家一起支付保险费来充当经费。但是，随着传感器和互联网技术的进步，只是根据统计数据进行风险估算变为基于个人实时信息进行风险评估，评估的准确度将会得到提高。于是，保险的发展方向也从过去被动地接受风险评估的结果，变为预测风险、主动地降低风险。随着时代的变迁，以及周边环境和技术的不断发展，保险这种由来已久的商业模式也即将发生根本性的转变。

CHAPTER 06

洞察顾客的真正需求

站在"顾客"的立场，深究其购买目的

01 美捷步——总部迁至拉斯维加斯的真实目的

■ 通过电话赢得顾客的信赖

在当今社会，无论推出什么样的革新性商品和服务，都难以避免马上被竞争对手模仿的命运。因此，单纯依靠本企业的商品和服务，很难实现与其他企业的差别化。

今后，企业必须将研究的视野从商品和服务层面扩展至"顾客体验价值"层面。为此，需要站在顾客的立场来思考，从而理解他们的真正需求。但是，位于组织之中，以自身商品和服务为核心来观察顾客，也难以产生新的创意。下面介绍几个站在顾客一方来重新定义业务，并获得成功的企业案例。

通过最大限度提高顾客体验而获得成功的代表案例是，美国的专门销售鞋子的电商企业美捷步公司（Zappos.com）。

一直以来，人们普遍认为鞋类商品难以开展网络销售。因为人的脚型千差万别。不同品牌的鞋子即使尺码相同，其实际尺寸和形状也是各式各样，所以不试穿就无法知道鞋子是否合脚。因此，电商无法取代可以试穿的实体店铺的重要性，这成了人们的常识。虽然电商也有退货服务，但退货时限短、自己承担运费、操作不便等因素成为其发展瓶颈。然而，美捷步公司通过推出1年以内免费退货的服务，解决了电商特有的这个问题。

此外，美捷步最大的特点是，虽然是网上购物，但仍然最大限度地通过电话与顾客交流，努力构建彼此间的信任关系。接待顾客咨询的电话呼叫中心全年24小时运转。美捷步公司规定，话务员必须接受培训，在理解了美捷步重视顾客体验价值的企业文化，并且能够恰当地解答顾客的疑难问题之后才能上岗。

■■ 通过电话增加忠实顾客

一般来说，人们普遍觉得服务是实体店铺的强项，而电商则是在便利性、商品种类以及价格等方面更具有吸引力。但从实际情况来看，却未必如此。在商店浏览商品时，附近的店员会给顾客带来莫名的压力。此外，对于顾客提出的有关商品的问题，也很少有店员能够马上给予清晰准确的说明。前几天，我在某著名百货商场的袜子卖场问店员"有没有适合夏天穿的羊毛袜"，得到的回答却是："材质都写在商品标签上，请您自己看。"这样的服务体验，只能带来负面的价值。

另一方面，我在因计算机发生故障而拨打服务电话时，却得到了对方简明易懂、礼貌亲切的回答，问题最后得到顺利解决。仅凭这一项服务，就具有能让顾客成为厂家忠实顾客的影响力。

美捷步重视电话咨询，正是因为这是与顾客互动的"最佳接触点"。大多数顾客都已经拥有很多双鞋子。因此，与出于需要必须买鞋的情况相比，更多的情况是由于其他各种契机而决定的购买。而契机之一便是"顾客体验"，即购物这一行为本身的价值。这本是销售行业最基本的常识，但却常被网络销售业务所忽视。在短暂的购物时间里，店员在瞬间的应答有可能会给顾客带来恶劣印象，也有可能给顾客带来愉悦心情，因此与顾客接触时的服务的重要性不言自明。在任何地方都可以买到相同的商品，没有必要非在不喜欢的商店购买。这一点在网络销售领域也是一样的。尤其是电话呼叫中心的应对方式，能够对销售额产生巨大影响。

最近，网上销售高级化妆品的业务在稳步上升。据说原因之一是老年人渴望有人在电话里跟自己聊天。我觉得这未必是错的。

美捷步话务员希望提供的是，站在顾客的立场，尽可能为顾客着想，提供"能感动顾客"的终极服务。如果本公司没有顾客所需的商品，话务员甚至会向顾客推荐其竞争对手。如果有顾客来问披萨店的电话号码，话务员就会查到最近的店铺信息告诉顾客。对声称因为参加家人的葬礼而未能"1年以内退货"的顾客，美捷步不仅毫无怨言地办理了退货，甚至还向顾客快递了鲜花。

■■ 拉斯维加斯有什么

最能体现美捷步公司重视"提高电话服务质量"这一态度的

是，其总部所在的位置。2004年，美捷步将位于旧金山的总部迁至拉斯维加斯近郊。拉斯维加斯是以赌博业为象征的"不夜城"，拥有大量能适应夜间工作的人群。此外，拉斯维加斯还有很多习惯娱乐、擅长取悦顾客的专业人士。也就是说，美捷步特意迁移总部的目的在于提高电话服务的品质。

据说在面试环节，除了面试的内容，候选者对接送他们的班车司机的态度也会被考察。如果对司机态度蛮横，那么在这一时点就已经出局。美捷步注重的是面试者的真实的服务精神，而不是逢场作戏的好态度。此外，在培训期间，美捷步还会征集希望退职的人，向他们支付2000美元的奖金；如果是在培训结束后3周以内自动退职，则可以获赠3000美元。美捷步的这种做法，无非是在表明，"不希望不是真心喜爱这种工作的人勉强留在这里"。

这些努力发挥了作用，美捷步的忠实顾客不断增加。无须采取促销等措施，就有越来越多的消费者来到美捷步购物。电话呼叫中心接受的订单金额仅占全体的5%。但是，其努力经过SNS的评论，使美捷步的服务神话不断传播，形成了以顾客为本的稳固的品牌形象。可以说，美捷步充分体现了"从顾客角度看问题"的理念，颠覆了原有的经营常识。

美捷步在2009年被亚马逊收购，但其经营模式依然如旧，在创始人谢家华的领导下得到了继承。2014年，母公司亚马逊宣布引入美捷步公司的退职奖金制度。

02 GoPro——冲浪爱好者创造的全新运动相机

■ 销售年年翻番的运动相机

最近，电视节目中经常会出现一些自拍的或者以体验者视角拍摄的激动人心的视频。嘉宾戴上安全帽，安装上一个方形的摄像机，这样当他们坐上过山车或者参加蹦极活动时，当事人的体验就会以生动的视频传递给观众。帮助人们实现这种影像体验的，是新兴的运动相机"GoPro"。

在过去10年间，照相机行业因数码技术的出现经历了很大的结构变革。创建了胶卷照片商业帝国的美国柯达公司，在2012年宣告破产。日本的多家照相机厂商也进行了合并重组。如今，拍摄功能成为智能手机的标准配置，实质上已经侵吞了"照相机市场"。在这种情况下，谁能够想象到还会兴起新的照相机品牌呢？

GoPro是2001年成立的美国加利福尼亚州创新企业Woodman

Labs公司开发的小型运动相机品牌。它重量很轻，尺寸很小，可以放进一只手的手心里，然而却能够拍摄出高像素的照片或视频。此外，GoPro还有很多附件，可以将主机固定于人体、汽车、冲浪板等处。

现在，照相机已经很难销售。随着具备高性能照相功能的智能手机的普及，小型数码相机的销量大幅下降。然而，GoPro的销路却很好，2011年、2012年、2013年的销售额分别是2.3亿美元、5.3亿美元、9.9亿美元，几乎年年翻番。

2013年，GoPro销量达到384万台，遥遥领先于之前索尼公司230万台的世界首位摄影机销量。2014年，GoPro在美国纳斯达克证券交易所上市，时价总额曾经达到过40亿美元。

■■　最大的魅力不是性能，而是"体验"

浏览该公司的官方网站，GoPro为顾客提供的价值可谓一目了然。网站上登载着在海底、山顶、赛道、音乐会场、热带丛林等各种场所拍摄的影像，同时还有大量用户拍摄的视频。只要看到这些内容，以及想到谁都能够拍摄出这样的影像，浏览者一定会充满期待。

这就是GoPro与其他照相机厂商的最大不同。通过使用配件将运动相机固定在身体或物体上，GoPro可以拍摄出完全不同于手持式照相机的图像或视频。而且，这里还提供智能手机应用软件，以便用户将自己拍摄的影像随时共享到YouTube网站。

GoPro的最大魅力不在于尺寸或画质。当然，体型小、重量轻、画质优良也是GoPro的优点，但是其价值的本质却不在这里。将运动相机安装在过去未曾想过的地方，便能够拍摄到此前难以获得的全新影像。然后，在互联网上共享影像，让大家一起热情高涨。通过这一系列解决方案，给予用户"新的影像体验"，这才是GoPro品牌的真正价值。

图6-1　提供崭新影像体验的GoPro

GoPro受到欢迎的背景主要包括，数码技术提高了照相机的性能，互联网尤其是SNS的发展从根本上改变了照片以及视频等影像的意义。随着智能手机的普及，如今人们1年内拍摄的影像数量要比过去100多年期间拍摄的所有胶卷照片还多。

此外，照相机还可以将白板上的文字照下来代替记笔记，或者将名片照下来以供保存。人们上传到YouTube的视频数量之巨，已经多到即使每天持续观看，耗费一生也无法全部看完。而且，这些影像还可以向朋友或者陌生人公开。脸书上能不断收到朋友上传的照片（从美食到家人的照片）。震撼人心的图像或视频顷刻之间就能在世界范围内传播，成为焦点话题。

在数码影像的世界里，过去不可能存在的参与者也得以登场。视频网站YouTube和静止影像加工软件照片墙Instagram等在数码、互联网世界里提供了新的附加价值，二者的销售额都是零，但前者却在2006年被谷歌以16.5亿美元的价格收购，后者也在2012年被脸书以10亿美元的价格收购。

GoPro的第一款产品于2006年开始销售，2007年6月，第一代iPhone问世。也就是说，该公司的产品正是在数码影像的世界中诞生并成长起来的。因此，其业务形态也与之前的照相机厂商截然不同。

Woodman Labs公司的创始人尼克·伍德曼并非照相机行业科班出身。实际上，他是一名冲浪爱好者。据说他在澳大利亚享受冲浪运动时，突然想到要拍摄自己立于波浪之巅的飒爽英姿。但是，即使请朋友帮忙拍摄，也还是始终无法拍到如愿的照片。于是，尼克·伍德曼开始思考，是否能生产一种将市面上销售的防水照相机固定在身体上的固定带。这就是GoPro诞生的契机。随后，尼克·伍德曼向母亲借来约350万日元，开始了创业之路。根据"什么样的照相机才让我们自己感到快乐"的构想，尼克·伍德曼的公司开始开发运动相机和附件。他当时采用的技术日本的企业也都具有。实际上，该公司的主要零件都是日本厂家生产的。但他们立足于顾客的需要，构思出"理想的运动相机"，采用现有技术生产出了GoPro，最后成功地塑造出一个伟大的品牌。

近年来，松下和索尼等日本企业也推出了类似的户外运动相机，但至今为止并未如同GoPro一般获得人们的关注。对比这两家公司与GoPro的官方网站，立刻就可以发现它们之间的差异。GoPro网站介绍了用于拍摄前所未有的生动影像的工具和软件，还允许用户上传自己引以为傲的作品，从而成为展示GoPro的世界观，以及供能够与之产生共鸣的用户进行交流的网站。而另一方面，日本厂商的官方网站则只是以产品目录的形式将运动相机及附件与其他产品一起罗列出来。他们的观念未能脱离"产品制造（厂商）"的框架。GoPro面向特定的活跃的用户层，提出"全新的影像体验"，与之相对，日本厂商只是一成不变地销售"数量众多的电器产品中的一类"。

GoPro与日本企业的差别不在于技术能力。不如说在技术方面，GoPro一直依赖于以日本企业为代表的海外企业。也就是说，双方的差异来自于如何定义企业所提供的价值的思维方式的不同。

　　GoPro在2015年4月宣布收购法国Kolor公司。Kolor公司专门从事对虚拟现实（VR，Virtual Reality）工具及360度全景影像制作工具的开发。通过此次收购，GoPro的影像体验有望扩展至全景世界以及虚拟现实的世界。能否从顾客的角度出发，提供超越产品本身的体验价值，这将成为决定企业胜负的关键。

03 好俪姿——第一时间推出顾客喜爱的商品

■■ 流行是服装厂家创造出来的吗

如今除了美食，日本在时尚领域也正在引领世界潮流。过去向欧美品牌学习服装样式的市场已经成熟，富于多样性和原创性的商品触手可得。

日本的时尚杂志在海外，尤其在亚洲被广泛订阅，"TGC时尚盛典（Tokyo Girls Collection）"对全球时尚行业产生了巨大影响，日语的"卡哇伊"（可爱）一词也在全世界都得到使用。消费者从小就开始积累时尚经验，越来越倾向于自由地选择符合自己个性与喜好的服装。此外，日本最近还创设了以小学生为对象读者的时尚杂志。

流行已经不再是由服装厂家生产出来的，而是富有感受力的消费者选择的结果。提前察觉到这一情况，从消费者视角而不是设计师的视角来生产、销售服装的，是叫作自有品牌专业零售商（缩写：SPA，全称：Speciality store retailer of Private label Apparel）的全新商业形态。

■■ 快速时尚：通过满足顾客需求来增加销售

可以说，以GAP、ZARA以及H&M等为代表的快速时尚（fast fashion）企业通过完全"从顾客的视角出发"，实现了销售额的大幅度提升。

如今，服装已经不再属于生活必需品。不买服装就没有衣服穿的人已经非常罕见。恐怕大多数人都处于不清楚自己衣柜中到底有多少件T恤的状态吧。因此，如果不能生产出吸引顾客眼球的产品，并加以宣传，企业将无法实现与其他公司的差别化。

在以前的服装行业，流行趋势是由厂商掌控的。厂商每年会决定流行的颜色和款式，在此基础上每年进行2～4次的生产。但是，流行周期在不断缩短。国内外的品牌数不胜数，消费者也开始掌握越来越多的选择和丰富的信息。因此，每年2次推出新产品的做法，已经难以追得上顾客的喜好。

另外，并非每个人都会被服装行业创造的流行所吸引。消费者的需求变化莫测。根据流行趋势来生产商品，也并不能保证一定畅销。

为了应对这种不确定性，服装厂商会生产大量商品来规避机会损失。然后一般会向百货商场大量发货，允许百货商场退回未能出售的商品，剩余的商品则通过内部特价销售等方式来处理。如此看来，服装行业可以说是一个效率极低、浪费严重的产业。

与此相对，快速时尚采用的则是前文提及的"SPA"机制。这是服装的企划、生产、销售等所有程序都由同一家企业来从事的方式。

■ 在街头捕捉最新需求

SPA具有多个优点。其最大特征是零售主导，不是厂商生产自己想卖的商品或者能够畅销的商品，而是与此前的出发点完全相反。企业进行销售，与顾客接触机会更多，这也是一个优势，可以通过店员尽早捕捉到消费者的真实需求。此外，由于企业可以掌控生产，因此能够及时将符合流行趋势的商品送到店面。

好俪姿（Honeys）是日本知名SPA企业，据说在每个季节开始之初，该公司都会派遣与消费者同年龄段的员工到涩谷或原宿等繁华街区，观察当季的流行趋势。年轻员工根据自己中意的样式来制作设计图。完成的设计图随后会在公司内部进行评审，只需几周的时间便可以在店铺销售。借用好俪姿社长的话来说，"这相当于在赛马转过第4拐角后（即已经可以看出胜负形势时）再下注"。传统服装厂商的做法近似于将自己创造的流行强加于人，随着提前将流行趋势做成商品的快速时尚的出现，他们立刻处于不利的境地。

对消费者而言，街头实际流行的款式远比被强加的流行趋势更有魅力。而且，快速时尚可以短周期、小批量地生产符合流行趋势的服装，降低了库存过大的危险性，从而能够削减成本，以低于传统服装的价格进行销售。

图6-2　服装产业的商业模式

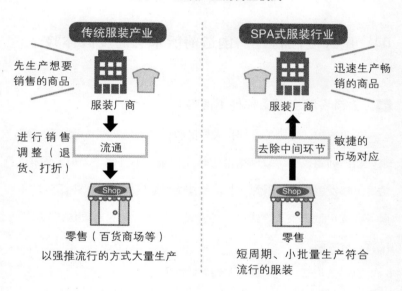

此外，随着生产方法发展，生产周期得到进一步缩短，再加上全球流通网络更加完善，在这些因素的推动下，从商品策划到店面布货的时间实现了飞跃性的缩短。具备了这些条件，好俪姿得以实现了"迅速、廉价地提供符合顾客喜好的商品"的商业模式。

04　星野度假村——创造前所未有的度假体验

■■　去滑雪就要忍受种种不便吗

很难想象，外资的参与和大型度假村的出现能够为老牌酒店带来创新。回首过去，以前的滑雪场实在是太不方便了。但是现在，情况正在发生改变。因为一些企业开始反思这种情况，并着手改善服务。其中最具代表性的是，综合度假村企业"星野度假村集团"经营的滑雪场。

以前去滑雪，人们首先要到酒店办理住宿手续，卸下行李。然后，去租赁商店租借滑雪板，再到售票处购买缆车车票。如果想参加滑雪学校，还必须另外提出申请。到完成全部手续开始滑雪为止，不顺利的话，需要耗费2小时以上的时间。

为什么需要如此麻烦的过程呢？这是因为酒店、租赁商店、缆车、滑雪学校等是不同企业各自运营的。有人在山上修建缆车，开办滑雪场。又有人开设租赁商店，为需要租借工具的人提供服务。再有人以聚集到这里的游客为目标，修建了酒店。滑雪度假村就是在各类企业自然而然地聚集在一起的过程中发展起来的。

这样的历史发展的结果是，各自设立了各种企业，它们之间没有形成相互合作的关系，所以前来的旅客不得不每次排队办理各项手续。过去，即使是这样的滑雪度假村，也有很多人来游玩。因为其他滑雪场的情况也是大同小异。滑雪的旅客虽然感到不便，但也无可奈何。

另一方面，运营滑雪场的企业也习惯性地认为"滑雪场就是这个样子"。而且，由于各家企业只能考虑各自承担的服务，滑雪场长期难以摆脱这种不便利的情况。加之当时互联网利用者也较少，滑雪旅客之间也很难交换类似"那家滑雪场不够便利"等信息。

星野度假村运营的滑雪场打破了这种状况。星野佳路社长涉足滑雪场业务时，正值泡沫经济崩溃后旅游度假行业处于最不景气的阶段。星野集团偶然承担了Alts磐梯滑雪场与Alpha Tomamu度假村两大综合度假设施的运营，掌握了变革行业结构的绝好时机。

虽然二者由同一家企业所有和运营，但当初酒店、租赁商店、滑雪学校等均各自为政单独运营。星野度假村集团将它们重组到一起，开始实行一体化运营。现在，只要事先统一预约，旅客在到达酒店的同时，缆车车票和滑雪用具以及滑雪学校的预约等已经全部处理完毕。顾客无需等待，利用储物柜整理行装，随后在滑雪练习场与教练会合，马上就能开始滑雪训练。各设施实行统一管理，能够进一步立足顾客需求来提供价值。例如，星野度假村集团运营的滑雪场中，有一些是免费由滑雪学校向初学者提供教学服务的。不收取培训费是为了"确保回头客"。孩子们初次体验过滑雪后，会呈现出两种截然不同的反应。一些孩子会因为品尝到乐趣，成为滑雪迷；另一些孩子总是摔跤，再也不愿来滑雪。如果能够通过免费学习掌握技巧，滑雪就会成为乐趣，产生再次光顾的愿望。最终所有家庭成员都变成回头客的可能性也将更大。也就是说，舍弃了单个部门的销售额，总体上却能获得更大的收益。

在提升滑雪的体验价值方面，提供滑雪以外的娱乐方式也是必不可少的要素。星野度假村集团为了招徕顾客，对滑雪场内的餐厅做了变革。人们过去一般认为，滑雪场里的饭菜只要能在短时间内填饱肚子就足够了。而且，由于山里滑雪场属于季节性营业，多数厨师并不是专业人员，而是当地的兼职人员充任。因此，餐厅的代表食品就是制作简单、无须耗时的咖喱饭或者炸猪排盖浇饭等。当然，也就不能太讲究味道了。星野度假村集团的经营者星野佳路是老字号酒店的第三代继承人。在他看来，滑雪场的饭菜水平实在太差了。

■ 星野度假村创造的"滑雪场价值"

餐厅改革方法是提供"保证好吃的咖喱饭"。如果咖喱饭不合

图6-3 丰富的全家共享项目

Alts磐梯滑雪场的蒙古包村落 "aibe-aibe"

Alpha Tomamu 度假村的冰城

顾客的口味，餐厅将全额退还咖喱饭的费用。虽说是滑雪场的饭菜，味道上却绝不妥协，一定要提供让人们改变原有印象的咖喱饭。凭借这番干劲，他们改变了滑雪场的餐饮状况。

欧美的滑雪场流行"山间餐厅"的概念。其背景是一边眺望山峦景色，一边悠闲享受晚餐的文化。星野集团的目标正是这一方向。而且除了咖喱饭之外，还持续展开饮食方面的多项改革。例如，Alts磐梯滑雪场开设了能与市中心的美式餐厅相媲美的精致漂亮的"骑士咖啡厅"。

此外，星野集团还推出了滑雪以外的娱乐项目。有面向孩子们的玩雪游戏、穿雪鞋走路等，还有由附近老人讲述的故事会等内容。面对成人则提供托儿所以及夜间营业的咖啡书吧等服务。

这样一来，顾客白天滑雪，夜间还可以享受其他活动，成功地提升了度假村的价值。"单纯的滑雪场所"变成了"一家人在大自然中全天享受的场所"。

这样的滑雪场对有小孩的家庭来说是难以抗拒的。人们将再也无法忍受此前不得不忍受的传统滑雪场的不便。而且，这些信息通过互联网被扩散和分享给更多人。其结果是，滑雪场之间的差距将越来越大。

现在的星野度假村集团，已经完全摆脱了过去作为"招牌建筑"的商业模式。其目标是成为"度假村运营的达人"，同时具备多彩的活动项目、美味的饮食、统一便利的预约及登记系统，提供

"顾客体验价值"，为顾客留下最美好的旅游回忆。今后的商业需要追求进一步的"顾客意愿"。正是由于现代社会物质丰富，提高顾客体验价值才成为与其他公司形成差别的关键。只有那些能够摆脱供给者视角、从顾客角度刷新服务、高水平满足顾客需求的企业，才能够在竞争中生存下来。

CHAPTER 07

发现新现实

"偶然的成功"背后，是未被关注的事实

01　唐吉诃德——以不拘一格的摆放方式吸引顾客

■■　具有积极作用的脱离常轨

对于身边正在发生的变化，我们未必能够充分认识。特别是长年工作在专门领域、掌握专业常识的人，对背离常识的做法往往持否定态度。这样做的结果就是，无法实事求是地了解事物，错过了难得的商业机遇。

下文介绍的零售企业"唐吉诃德"别具一格，最初从零售的专业角度来看，无疑是失败的，因为人们认为其商品摆放混乱，顾客不易挑选，而且也难以进行库存管理。然而，与专业的预测相反，唐吉诃德取得了成功。

这类意料之外的成功，我们可以将其归为例外或异端。如此一来，就暂时不用去改变自己的常识了。如果是他人之事，那么自己管理的世界还是平安无事。然而，正是这种令人难以接受的事实，才能给予我们许多提示。顾客究竟为什么被吸引到这样不太便利的店铺呢？也许是我们自身拥有的"对顾客的认识"出现了问题。

商业极少会按照事先的期望向前发展。既有所有人都看好的商业模式最后惨淡收场的情况，也有明显会遭受失败的商业模式却获得预料之外的成功案例。

预测未来对于任何人而言都很难。因此，商业过程中的反复探索是必不可少的。以较小规模启动事业（即精益创业，lean startup），根据情况对发展方向不断进行微调整，这是通往成功的最短路径。这里最重要的一点是，不要错过"偶然中产生的成功"，即英语所谓的"正偏离"（positive deviation）。经营业务时，有时会由于未曾预料的状况而采取不同以往的对策。这种情况下市场也会有"有悖常识的做法却获得意料之外的成功"的情况。

受成见束缚而不能自由思考的人，即便取得好成绩，也常会认为"纯属偶然，这种做法不可能顺利发展"。但如此一来，就有可能错过了某些重要的机遇。

常识以过去的习惯为依据，有时会与现实之间存在偏离，但我们平时很难意识到这一点。然而，偶然的成功却会使我们注意到它（常识以外的某些因素）的存在。

大多数人确信"这种生意不可能盈利"的常识被颠覆时，往往就是我们发现推翻商业前提条件的"新现实"的机会。因此，我们应该考虑"这次的成功背后一定存在某种原因"。由此会产生许多发现或创意，从而形成新的商业模式。

下文就来考察一下因偶然而成功的企业唐吉诃德。

前文提到，唐吉诃德的特色是将商品高高地堆在一起的独特摆放方式——"压缩摆放"。家电产品的旁边，毫无条理地放着时尚商品，而且摆放得很杂乱。乍看上去，既无秩序，又无美感。而百货商场、超市等普通零售商店则把商品按不同种类分类摆放，以便顾客寻找所需的商品。而且这样也有利于店家进行商品管理。与此相比，唐吉诃德的做法完全背离了常识。但是，唐吉诃德的商品又为什么会得以畅销？

■ 成熟市场上缺乏"目的性购买"

唐吉诃德的原型是名为"小偷市场"的小型临时杂货商。据说专门从濒临倒闭的店铺采购商品，以廉价为卖点来提高销售额。

当时，并非有计划地采购商品，而是不定期地采购划算的物品，然后直接廉价售出。

这就是"压缩摆放"的原型。这种摆放方式酝酿出杂乱的氛围，让消费者产生"这里面也许能淘到好东西"的期待感，具有宣传廉价商品的视觉效果。

大家有没有路过唐吉诃德，买了本来并未想买的东西的经历？在所买的商品之中，有多少是"真正需要的东西"呢？恐怕很多人都有出于冲动而买了不需要的东西的经历。

唐吉诃德的有趣之处在于，能够使消费者产生"不由得想买"的念头。超市和百货商场根据种类划分商品摆放位置的方法，对有明确购买目的的人来说很方便。因为，消费者在产生"想购买某种商品"的念头时，能够以最快速度到达目标位置。对于零售店而言，这样也可以促进顾客的周转循环，提高单位面积销售额。

但是，在物质丰富的成熟市场中，"来购买想要的商品"的顾客越来越少。相反，越来越多的人的购买行为是"无意中造访商店，看到之后才想买的"。担任宝岛社《Sweet》杂志总编的渡边佳代子女士，因率先采用豪华附录迅速提高了销售额而为人所知。她指出："购买带有附录的女性杂志和喝星巴克的拿铁咖啡，二者或许源自同样的消费冲动。"我认为渡边的观点切中了要害。

我们在很多时候都是出于冲动而购买商品。因此，让顾客产生"可能有新商品"的期待，使其长时间在店内浏览，最终卖出商品，唐吉诃德的这种方法产生了很好的效果。

唐吉诃德的创始人安田隆夫强调"时间消费型产业"的概念。即在消磨时间的过程中，消费者不知不觉被所看到的商品唤起好奇心，最终将其买下来。这便是唐吉诃德展示的购物模式。

唐吉诃德里有很多从东南亚等地采购的新奇商品，以及电视商城等介绍过的流行商品。这些商品既为在店内漫无目的闲逛的顾客带来乐趣，同时也增加了销售额。

这种商业模式与销售书籍、杂货的文化书店Village Vanguard

属于同一类型。文化书店Village Vanguard丰富多彩的商品种类也是偶然的产物。起初，它只是一家普通的书店。由于偶然摆放出来的杂货和CD等出乎意料地畅销，于是经营者发现也可以销售书籍以外的商品。偶然的成功被不断增殖，最终就发展为今天的新形态。

■ 晚上顾客多就延长营业时间

初期的唐吉诃德由于人手不足，无法在白天补充和整理商品，因此在深夜摆放商品。这时，经营者注意到，有很多看到店内亮着灯而来光顾的顾客，于是他们延长了闭店时间，顾客人数果然增加了。这成为唐吉诃德取得成功的第二个原因，即"转为夜间营业"。

据说，唐吉诃德有一些店铺在傍晚至夜晚（9点以后）时间段里销售额增加得最多。这个现象与电商网站完全一样，绝非偶然。

现代城市居民的购物行为属于夜晚型，因为随着双职工家庭的增加，工作结束到睡觉之前的时间就成了休闲的时光。因此，唐吉诃德推迟闭店时间非常合乎时宜。如果像过去的百货商场一样，在晚上8点闭店，就很难吸引到顾客了。

唐吉诃德还有一项"来自偶然的成功"，即商品种类及定价方面的策略。"小偷市场"时期的唐吉诃德主要是经营廉价销售业务，但是随着企业规模的扩大，单靠销售廉价商品变得难以为继。

于是，唐吉诃德采用了一种方法，叫作"以二流价格销售二流商品（比一流商品稍便宜），使商品看上去比较便宜"。这个方法起到了与便利店和超市的"自有品牌商品"同样的作用。商店实际上的收入是增加的，但从顾客来看，商品价格还是比较便宜。此外，随着来店顾客的增加，唐吉诃德也开始销售食品等。

■■ 常识不会带来成功

这个案例的关键在于，唐吉诃德并非起初就有意识地实行商品的"压缩摆放"和深夜营业的，这些都是根据店铺所处情况不得已而采取的方法，却带来了偶然的成功。然后，他们把握住了这个机遇。

我以前曾经带领一位海外零售业的专门人士参观唐吉诃德，他一进到店里，立刻就发现了唐吉诃德的魅力。看到堆积如山的商品，他兴奋地说道："这样的店真让人激动开心！"不过，他也指出了唐吉诃德的弱点：究竟如何管理库存？财务方面大概也是马马虎虎的糊涂账吧？最后他强调，为了贯彻零售业的根本原则，唐吉诃德需要马上整改。

他的观点很符合常识。掌握库存是店铺运营的重中之重。但如果按照他的观点改变经营方式，恐怕唐吉诃德就不会取得今日的成功了。也许多少能够提高效率，但最终却会变成一家"普通的店"，唐吉诃德满足顾客全新需求的独特魅力也将不复存在了。

虽然理论对发展业务非常重要，但如果过于拘泥原理，则常会错过偶然的成功及其背后的重要事实，必须注意到这一点。在经营业务时，我们习惯于单纯地考虑业务问题（管理或效率等），按照理论来管理业务，只注重效率。但是，为了创造新的顾客价值，我们应该留有思考的余地，以便能够调整自己的管理方式。

可能我们原本就具有过于合理地思考业务的倾向。唐吉诃德的案例在准确地把握顾客的感情方面非常有意义，今后的商业也必须具有能够领会顾客感情的共情能力。

02 ABC烹饪学校——靠变化引领烹饪学校革命

■■ 传授如何切菜的烹饪学校

随着少子、高龄化导致的劳动力人口减少，由于1985年制定的《男女雇用机会均等法》，以及随后各项积极措施的推动，再加上国家的积极对应，女性参与社会已经成为被人们广为接受的现实。如今，女性的大学入学率（含短期大学）已经与男性持平，甚至达到整体的六成。

另一方面，女性在家庭中的角色也正在发生变化。家用电器提高了家务劳动的效率，而且餐饮、即食食品产业的发展也不断减轻女性的负担。在这种情况下，以女性为对象的服务也开始谋求变化。

图7-1 把握时代变化的ABC烹饪学校

　　ABC烹饪学校在日本各地都开设有分校。由于教室采用可从外部参观的玻璃墙体结构，相信很多人都曾经隔着玻璃看到过他们教学的情形。2014年，该公司宣布加入NTT Docomo公司旗下，成为人们关注的焦点。

　　ABC烹饪学校与传统烹饪学校存在明显的不同。

　　为便于理解，我们先来看看传统的烹饪学校。过去的烹饪学校一般都会邀请一流厨师加入教师阵营，传授精致的法国料理或者高级日式餐厅才有的日本料理。当然，一名学员在1~2小时的授课时间里不可能做出很多种料理。因此，学员之间需要互相分工，共同作业，多数情况下由"老手"学员负责现场指挥，而"新人"学员则被分配清洗食材、做烹饪准备工作，很可能会感到厌烦。

然而，这类烹饪学校渐渐地不再契合时代的潮流。背后的原因是家庭生活方式的变化。ABC烹饪学校设立于20世纪80年代后半期。在那之前，进入烹饪学校学习的人一般都具有一定程度的烹饪技能。许多"虽然不会做复杂讲究的料理，但简单的饭菜总会凑合做"的女性，为了做出嫁的准备而来这里进一步提升自己的烹饪水平。

但是，时代悄悄地发生了变化。越来越多的父母认为"女性也需要学历"，在家里"有帮忙做饭的时间，不如去好好学习"的女性也开始多了起来。所以越来越多的人连菜刀的使用方法或者煮饭的方法等基本烹饪技能也不具备。据说，有些人甚至从来没有进过厨房。

此外，在家里制作复杂讲究的料理的必要性也逐渐消失了。在过去的日本，有很多"重要日子"需要主妇亲自下厨，招待来客，或打造家庭盛宴。但在今天，如果想品尝美味佳肴，可以外出就餐，也可以去高级日式餐厅或者百货商场地下卖场等买来即食菜品。外出就餐、即食食品的发展，使传统烹饪学校提供的服务已经与时代潮流脱节。

ABC烹饪学校顺利地适应了这些变化。通过满足几乎没有烹饪经验的女性的新（时代）要求，如"希望从菜刀的拿法、切菜的方法等初步的初步开始学""希望学做每天吃的家常饭菜，而不是餐厅的高级料理"等，ABC烹饪学校取得了迅速发展。

■■ 销售餐具时发现的商机

ABC烹饪学校创始人横井启之在20岁前后曾经从事餐具的销售工作。他将自己做的简单料理装在精美的餐具里，宣传餐具可以提升料理魅力的作用，从而使销售数量不断增加。在这个过程中，渐渐有很多年轻女顾客来向他咨询关于烹饪的问题。偶然地了解到了她们的烦恼，即想制作可口的饭菜，但现有的烹饪学校都不会传授最基本的技能，这便成为横井创业的契机。

ABC烹饪学校采用玻璃墙体的契机是，有个新开的教室将部分墙体改成了玻璃窗，结果出乎预料地吸引来了很多顾客。由于从外面可以看到年轻女性们开心地制作料理，一边交谈一边品尝完成作品的场景，越来越多的人希望加入这里。此外，学员意识到"正在被看着"，这一点也能产生"舞台效果"，从而有助于维持愉快的课堂气氛。也就是说，ABC烹饪学校所提供的价值可谓一举三得，不仅能够学到基本的料理知识，还能与各种同龄人相遇，以及可以把自己制作的料理作为午饭或晚饭与同伴共享。另外，ABC烹饪学校还通过授权制度，从事培养授课教师的业务，以及帮助他们在自己家里开办烹饪学校。

ABC烹饪学校的商业模式完全不同于其他烹饪学校。该学校偶然地发现了新的需求，提供其他学校所没有的初始化服务，出色地适应了环境的变化，取得了成功。

03 Round 1——保龄球馆重组提供新的价值

■ 萧条行业中一枝独秀的保龄球馆

在日本，虽然学校教育里有机会接触到运动（也就是所谓的"体育"），但可以说能够轻松享受运动的机会并不多。进入社会后，人们虽然可以加入体育俱乐部定期运动，但除了需要相应的费用之外，还主要都是专心致志、满头大汗的克己式练习，而非游戏。游泳和跑步倒是可以轻松地进行，而且也成为一种潮流，但人们几乎没有能够一群人集体共享的运动机会。仔细想来，对于拥有学生或幼儿的家庭来说，休闲娱乐的选择其实很少。此外，1990年泡沫经济崩溃直至现在，日本经济长期陷入低迷，对于"廉、近、短"（廉价、近距离、短期的当日往返等）的简单休闲娱乐的潜在需求逐渐增多。

20世纪70年代，日本出现了空前的保龄球热。据说在最鼎盛时期，日本全国约有3700家保龄球馆，但现在已经减至1000家以下。玩保龄球的人数陷入了低迷。

Round 1是这种情况下唯一能够保持活跃的企业。该公司据说占有整个行业超过30%的份额，已经形成一家独大的状态。

但该企业在1980年创业时，保龄球行业的情况非常严峻。当时还是大学生的创始人杉野公彦不顾父亲的反对，着手改建乡下的一家濒临倒闭的小型旱冰场。据说是从买来二手保龄球设备和台球桌，亲自重涂油漆开始的。为了吸引回头客，杉野从顾客视角出发，重新思考了服务问题。首先，他改革了费用体系。过去保龄球馆是按局收费的，但Round 1采用了按时间计费的机制。考虑到保龄球馆的成本主要是人工费及设施费等固定成本，这个做法是具有合理性的。

与年纪大的人相比，年轻顾客打球的速度更快，每一局的时间都要更短一些。也就是说，按照过去的计费方式，年轻人花费同样的费用，却只能享受到了更短的时间，这对年轻顾客而言是不公平的。另外，对保龄球馆来说，无论顾客在单位时间内玩多少局，成本基本不变。由此，Round 1果断转变思路，引入了按时计费制度。此举得到了顾客的更多支持。

■ 您需要个人专用球吗

在Round 1招徕顾客的方案当中，最大亮点是以适中的价格提供个人专用球的服务。

适合自己的手、能够彰显个性的专用球，是保龄球爱好者憧憬的对象。但在过去，一个保龄球价值几万日元，不是能够随便购买的物品。但是Round 1通过在中国制造保龄球，实现了以大约3000日元的空前低价为顾客提供个人专用球。这一做法受到顾客的热烈欢迎，许多人定制了自己的专用球。

众所周知，保龄球比较重，每次把球带到球馆实在麻烦，Round 1又开始提供租赁储物柜服务，帮助顾客保管专用球和保龄球鞋。该项服务的收费为每年3000日元左右的绝妙定价。

人都害怕失去已经得到的东西，即所谓的"损失厌恶"心理。虽然只是几千日元，但买了专用球和长期租用储物柜的人一般都会觉得"不用就可惜了"。其结果就是，顾客频繁光顾保龄球馆。通过廉价提供个人专用球，带来了稳定客源的效果。

保龄球原本就是让人欢乐的体育项目，如果多次练习，得分也逐渐提高的话，就会有更多的人喜欢上这项运动。

但是，过去的保龄球馆由于未能摆脱"顾客需要自己随便玩"的封闭性商业思维，没有成功地将初次前来的顾客变为回头客。

而Round 1还引入了面向"一个人来玩的顾客"的服务。为了使单独前来而非集体行动的顾客也能享受到乐趣，Round 1通过互联网将全国网点连接起来公布排名，制定便于顾客参加自由竞赛的规则，提供专业教练的单点课程等，增加了能够帮助顾客开心地提升技能的服务。在这些努力的综合作用下，光顾Round 1的顾客人数不断增加。

■■ 机缘巧合下成长为综合娱乐设施

现在的Round 1不单单是保龄球馆，而是变成了一个综合娱乐设施，消费者可以在这里从事卡拉OK、台球、飞镖、室内五人制足球以及篮球等活动。但是，Round 1并非从一开始就以这种形态为目标。

光顾Round 1的家庭或者团体中，也会有对保龄球没有什么兴趣的人。此外，随着Round 1吸引顾客能力的提高，顾客难得光顾却没有空闲球道的情况也增多了。于是，为了使顾客有效利用等待的时间，Round 1又增加了卡拉OK等附带设施。

于是现在的Round 1就发展成了"家人或友人一起光顾，可以使用各种娱乐设施，几千日元就可以开心地玩上几个小时"的场所。

在创业近40年之后的现在，Round 1除了在日本国内的113家分店外，还进军美国西海岸，在美国设立了5家分店，整个企业每年可以让超过4500万顾客享受到愉悦的时光。

杉野也没有预想到会取得如此成功。立足于顾客视角的不断努力，创造出现在的企业形态。Round 1的案例证明"新商业中包含大量事先未曾计划的要素"，这一点非常有趣。

CHAPTER 08

未来在哪里

着眼"极端市场",探索创新的前兆

01 优衣库——隐藏在休闲服饰中的技术革新

■ 由极端成为主流的创新

即便是改变世界的创新，大多也都是始于有限的领域、最容易从创新受益的（极端）领域以及周边领域。也就是说，在我们未曾关注的领域，可能正在发生着各种创新。探究这些创新的种类，就有可能获得创新的启示。

下文介绍的，正是由极端领域获得启发，在主流领域进行创新的案例。

一般而言，谈到技术革新，人们常容易联想到信息方面的创新，实际上，化学纤维领域也不断发生技术革新，性能超越天然纤维的新功能衣料陆续面世。与棉花、羊毛等天然纤维相比，聚酯纤维等化学纤维可以制造得更细，可以通过改变断面形状、编制方法以及进行涂层等工艺，发挥防水、吸湿、保温、轻量化等优异性能。此外，聚氨酯材料中的氨纶具有良好的伸缩性，作为拉伸材料得到了广泛的应用。

在初期阶段，这些最前沿的技术主要应用于极地探险、职业运动等要求极限性能的有限领域，因此生产量有限，多被定位为价格昂贵的商品。但是，随着产品价值得到认可，以及使用范围的扩大，价格开始逐渐下降，并获得了进一步普及。

其中，具有高度防水透气性能的戈尔特斯（GORE-TEX）材料是典型案例。最初，它是被用为登山以及滑雪运动的高档材料，而在今天则被用于商业用鞋以及日常用雨衣等领域。此外，在观看电视购物节目时，我们有时会听到"NASA（美国国家航空航天局）研发"等宣传用语。实际上，由NASA参与研发产生的商品确实有很多。火箭和宇宙空间站中使用的仪器材料需要受到各种严格的限制。尺寸、重量要被压缩到最小，同时还要求具备高性能，而且绝对不能发生故障。正是由于这种环境，才更容易产生与以往截然不同的新技术、新产品。

另一方面，还有一些行业具有敏锐感受力，如娱乐和时尚等行业。这些行业经常投入最新的技术或创意，展开激烈的竞争。这类"具有革新性（对于特殊条件有严格要求）的行业"会产生一些也可供其他行业参考的独特理念。

优衣库当初一般被视为以廉价为卖点的品牌。该公司在人工费低廉的中国等地与当地工厂合作，采购廉价服装，通过去除中间流通环节实现低价格化。使这个趋势发生变化的是,采用摇粒绒面料、速干面料以及保暖面料等高性能纤维制作的服装。

摇粒绒是聚酯制成的化学纤维材料。其特征是,比羊毛更细,因而具有较高的保温性。此外,良好的可脱水性、洗涤便利等也是它的优点。优衣库从1998年开始销售摇粒绒材质的服装,获得了号称"摇粒绒旋风"的巨大成功。但是,聚酯类摇粒绒材质并非由优衣库最早开发和销售的。最初开发摇粒绒材质的是美国Malden Mills公司。该公司与高档户外品牌巴塔哥尼亚(Patagonia)公司合作,用"Synchilla"的商品名进行销售。这种衣服单价超过1万日元,属于高档服装。后来,Malden Mills公司以自有品牌"Polartec"商标,向各类体育用品厂商提供面料。当时,我正在美国留学,还记得自己曾经惊叹于"居然还有比羊毛还贵的聚酯面料"。而我的妻子则对这种产品一见倾心,认为它"轻便,不刺激皮肤,颜色鲜艳,还可用洗衣机洗涤",全面认可了它的价值。

■■ 曾经比羊毛更昂贵的摇粒绒材质

摇粒绒材质最初用于户外。由于轻便、易干以及良好的保温性能,作为面向登山者的服装,摇粒绒受到了热烈欢迎。但是,由于价格昂贵,被定位于冬季运动服装的摇粒绒,迟迟未能普及。在这种情况下,优衣库推出了价格仅为2000日元左右的色彩鲜艳的摇粒绒外套。此举成为优衣库飞速发展的原动力。2006年，优衣库与面料厂商东丽公司展开合作，在休闲服领域引入功能性面料。其产品在功能上虽然稍逊顶级厂商，但成本方面得到了控制。此后，优衣库不断推出畅销产品。出汗后可以快速变干的速干衬衫以及超轻的羽绒外套等，都利用了最前沿的纤维产品。

成为优衣库畅销商品的"HEATTECH"系列产品，其起源也是其他企业。这类具有吸汗性和发热性的纤维材质最早源于美国Outlast公司与NASA联合开发的"Outlast"。这种材料性能卓越，炎热时可以散热，寒冷时可以保温，原本是为宇航员服装开发的。

Outlast的卓越性能受到了登山家和极地探险家的热衷支持。但是由于价格过于昂贵，一直没有被面向大众的服装采用。于是，优衣库与东丽共同开发出成本更低廉的HEATTECH，用于日常家居服装，受到热烈欢迎。优衣库与纤维厂商进行合作的背景，是为了进行纤维产品的技术革新，这一点并不太为世间所知。化学纤维比天然纤维更细，可以通过各类加工工艺，发挥出前所未有的功能（透气防水、抗菌防臭、保温、速干、伸缩等）。

优衣库的创新之处在于，将"功能性"的概念引入休闲类服装之中。过去低价位的服装只不过是已有服装的"单纯替代品"，而优衣库采用高性能材料生产价格低廉的休闲服装，开拓出新的市场需求。优衣库以普通消费者能够轻松购买的价格，提供"比羊毛更轻便的保暖衣服""在寒冷的地方也能保持温暖的内衣""既贴

身又便于活动的牛仔裤""采用优质鹅绒但价格便宜的羽绒服"等
产品，从而改变了我们的服饰文化。如今，公园里的普通老人在
HEATTECH内衣外面穿上摇粒绒外套，再披上羽绒服的情形已不
再罕见。优衣库在日常生活的领域进行了不断创新。

此外，优衣库还将舒比马棉、羊绒、法国亚麻等用于高档服
饰的高级材质积极引入到休闲服装当中，除了功能以外，在穿着
舒适度和质感等消费者能够实际感受到的基本体验价值方面也不
断提高。

许多服装企业的思维还停留在设计或者颜色等层面，即受限于
已有材质技术的框架之内。例如，H&M等快速时尚品牌是通过尽
快推出流行设计或与高级品牌类似的设计来决定胜负的。

但优衣库的战略则完全不同。优衣库积极引进极限世界里成长
起来的技术，控制价格，在休闲服装领域进行创新，从而成功创造
出能够长期畅销的全新招牌商品，而不是短暂的快速时尚。其缺点
在于，产品质量过于优良，不利于消费者换代购买，不过或许还有
根据价值重新定价的余地。优衣库不像其他公司在原有款式的基础
上追加变化，而是淘汰传统产品，开拓出新的需求。虽然名为迅销
公司，但其实际本质绝非一般所说的快速时尚。

不过，这并不意味着快速时尚不好或者简单。有很多消费者肯
定H&M或ZARA提供的感动价值，这些品牌在世界范围内获得了成
功，这也是事实。

02　日本维珍影院——电影院里的"头等舱"

■ 用其他行业的服务来创新

在各种制约当中最大限度地提供服务，飞机客舱服务可以说是这方面的代表。飞机里的空间极为有限，而乘客从世界级VIP到团体游客，类别覆盖范围广，价格也有头等舱和团体游客的经济舱之别，差距高达10倍以上。

但是，头等舱的空间并没有经济舱的10倍那么大。为让顾客在狭小的空间中尽可能舒适地度过，除了长年累积的精致服务外，还需要在饮食、更换衣物、枕头及毛毯等各个方面悉心考虑，提供优质的体验价值。此外，从机场的值机柜台到专用休息室，也都需要能让顾客感受到特别待遇的服务。

因此，航空公司的原空乘人员经常会举办面向企业的礼仪讲座。此外，空乘人员设计的旅行箱包或旅行服饰也很容易受到好评。还有很多方面也会给其他行业（特别是待客服务业）带来各种影响。

经营复合式电影院的"TOHO影院"的前身是一家名为"日本维珍影院"的企业。据说该企业是1997年由其美籍日裔创始人山本麦克豪与维珍集团董事长理查德·布兰森直接谈判创立的。

日本维珍影院的特色在于，积极引入了航空公司提供的各种服务。

航空行业的服务原本属于特殊情况，即将有限的座位分为多个等级，根据不同的价格提供不同服务。例如，从成田机场飞往美国，经济舱是10万日元左右，商务舱为40万日元，头等舱则为80万日元，不同舱位的价格差别很大。如何能让顾客在服务上切实感受到价格的差别，航空公司对此进行了彻底的思考。因此，其他行业也能够从航空行业获得多种启示。

过去的电影院没有等候室，顾客都是在拥挤的大厅里等待影片上映。此外，座位分为自由席和指定席，即便是指定席，也经常会看到顾客为了获得更好的座位而走进去抢先就座的情景。在习惯了航空公司的服务的人看来，这种情景是不自然的。于是，山本从各个方面革新了电影院的服务。

首先，他设立了"超大屏幕"。超大屏幕收费高于普通场次，大于通常屏幕的大画面，可以让顾客享受震撼影像。此外，座位比普通座位要宽，并配有边桌。有些电影院还设有专供超大屏幕顾客使用的专用休息室，也就是电影院里的"头等舱"。

此外，日本维珍影院还较早引进选座机制，使顾客在预约时能够指定座位。这也是受航空公司指定座位服务的启发。山本在其著作《要不要来点爆米花？》中介绍了这些措施，后来其他复合式电影院也开始效仿他的做法。

在以往的电影院中，并没有"费用不同，服务的质量当然也应该不同"的观念。而且也没有人注意到"可以通过提高服务质量赚取额外费用"。特别是由于大屏幕电视机、有线电视节目、DVD以及最近出现的点播服务等的普及，只为看电影而特意前往电影院的必要性正在不断降低。此外，顾客的年龄也越来越大，一直站着排队等待入场也不断增加身体的负担。在这一意义上，山本从航空行业获得启示，刷新电影院体验价值的着眼点和行动力是极为卓越的。

03 摩根酒店集团——酒店里的俱乐部体验

■ 演绎前所未有的"非日常"效果

在迄今为止的酒店方面的常识中,最根本的一条是为旅途中的顾客提供"休息放松"的场所,所以房间的布局比较固定,一般以床为中心,配备浴室、衣柜、桌子兼梳妆台、电视机、冰箱以及迷你吧台等设施。这种固定配置根据长期以来的行业经验,具有相应的合理性,对顾客来说也具有便于使用的优点。

但是,到酒店住宿的顾客具有不同的国籍、年龄和职业,而且他们的住宿目的也是多种多样的,可能是为了工作或者观光,也有可能是为了做SPA或者放松休息等。随着这些外界环境的变化,酒店也开始通过前所未有的设计和服务,为顾客提供充满个性的服务。

酒店行业出现了为顾客提供"非日常"体验的趋势。

摩根酒店集团以美国为中心，经营"精品酒店"（日本称为"设计师酒店"）。听到"精品酒店"，也许有人会联想到所谓的"情趣酒店"。不过在欧美国家，"精品酒店"是指拥有独特设计和概念的酒店。摩根酒店集团开业以来，给全世界的酒店行业带来了深远的影响。近几年，日本也出现了目黑区的克拉斯卡酒店等各种设计师酒店，受到人们的欢迎。

摩根酒店集团运营的酒店包括位于曼哈顿的摩根酒店、哈德逊酒店，位于伦敦的圣马丁巷酒店以及桑德森酒店等。例如哈德逊酒店是由学生公寓改装而成，桑德森酒店则是翻建了公司陈列室大楼，因此空间的设定就不同于通常的酒店。这些酒店均由世界著名的法国设计师菲利普·斯达克负责室内装饰。在日本，斯达克因设计了位于东京都墨田区的朝日啤酒总部大楼的金色云状标志而闻名。他统一了整个酒店的设计理念，演绎出精美时尚的空间。客房里去掉了无用的壁橱，在屋顶装饰艺术作品，方便顾客躺在床上欣赏，充满时髦的气息。一般的酒店大多凭借优质的服务和稳重的空间，使顾客获得超过自己家里的舒适和放松，但摩根酒店集团则推出了完全不同的理念。

摩根酒店集团最具特色的是大堂的格局。摩根酒店的大堂是一个宽敞、采用间接照明的精致空间。这里会播放最新的流行音乐而非古典音乐，营造出类似"俱乐部"（迪斯科舞厅）的气氛。

■ "休息的场所"变为"享受的空间"

摩根酒店集团的创始人叫作伊恩·施拉格。他也是在纽约有着传奇俱乐部（迪斯科舞厅）之称的"Studio 54"创始人。该俱乐部因新颖的设计受到好评，成为安迪·沃霍尔、米克·贾格尔等各界名流聚会的"顶级社交场所"。施拉格在酒店领域尝试了与俱乐部相同的做法。酒店的入口与俱乐部一样没有招牌，如同黑衣保镖的男服务生站在一旁，在顾客接近入口时为其开门。酒店设置可以让人情绪高昂的大堂，播放着音乐，而通往客房的走廊则灯光昏暗，只在脚下有照明。此外，酒店还设有设计时尚、品质高超的餐厅，由著名厨师掌勺。也就是说，酒店从"休息场所"完全变成了"享受空间"，从而赢得了高品位阶层的热烈欢迎。

CHAPTER 09

从阳台看到的风景

超越"集群"界限，探寻远方的线索

01 戴尔—— 打造"一对多"结构

■ 没有计算机的计算机公司

戴尔公司是世界最著名的计算机品牌之一,在各类商业模式书籍中都有介绍。其主要特征有以下三点:

·基于网络的直销模式,无中间环节(即排除中间流通成本)

·根据顾客要求进行定制生产的顾客价值提供

·本公司不参与制造,通过完全的外部订购和简洁的物流管理,实现低价格销售

这样的概括并没有错,而且这的确是戴尔取得成功的重要原因。但问题是这些做法为何能够取得成功?当时还是学生的迈克尔·戴尔仅仅依靠1000美元的资本开始创业,直至取得了今日的成功,其原因并不能从上面的概括中得到解释。

因此本书通过将目光转向该商业模式的周边环境,来探索这些

疑问的答案。

　　说到以往的"创新"，大部分是在一家企业内部完成的。例如，索尼的盒式磁带随身听"Walkman"完全是由索尼内部开发的。像这种企业自身掌控商品的开发及制造的做法叫作"封闭式创新"。

　　但是，在当今市场变化和技术革新都极为迅速的ICT行业，这种做法正在逐渐落后于时代。单凭一家企业的力量，负责新产品开发必需的所有技术和预算是不现实的，而且能够创造出的新创意也有限。

　　而且，如今的计算机商业需要在零件、应用软件、周边产品等关联企业及用户等各种相关者产生"连锁反应"的同时，获得壮大和发展。

　　因此，近年来人们开始关注"开放式创新"，即与其他公司或外部研究机构合作，组合互相的技术及创意，快速创造出革新性商品。其典型案例之一便是，1984年作为计算机维修公司起家，后来转为生产和销售计算机的戴尔公司（当时名称为"戴尔计算机公司"）。

　　戴尔通过直销，采用根据消费者要求的规格进行组装的定制生产（缩写：MTO，全称：Make to Order）方式，低价提供符合顾客要求的高性能计算机，从而获得巨大成功。

　　当时的计算机厂商在本公司的工厂里生产各类零件，然后与其他公司生产的零件（CPU及硬盘等）组装成最终商品。他们尽可能

图9-1 封闭式创新与开放式创新

采用本企业内部能够供应的零件，更倾向于掌控大部分产品生产环节的"封闭式"生产方式。而戴尔公司的所有零件生产都外包给其他公司，而且逐渐地连组装也开始委托其他公司进行。

戴尔公司专注于市场营销和设计，选择了与其他公司合作生产计算机的、极其"开放式"的做法。

■ 被迫"多对一"的计算机厂商

戴尔公司在创业初期常被揶揄为"没有计算机的计算机公司"。起初，戴尔公司并非计算机厂商，而是运用在维修计算机的过程中获得的技术和经验，从事计算机组装和销售业务的创新企业。另一方面，几乎所有厂商都难以摆脱原有范式，均以实现企业内部最优化、牵制竞争对手，以及大量生产和大量销售标准配置产品为目标。结果导致企业的生产速度跟不上技术革新的脚步，苦于库存商品的价格下跌。因此，许多厂商未能从计算机的生产和组装中获得较大利润，不得不退出这一领域。

计算机市场的壮大始于20世纪90年代初。当时，黎明时期数不胜数的厂商数量开始集中，日美各家公司得以各自确保了一定程度的利润。但仅仅数年之后，情况就发生了变化。

由于IBM在事实上确立了计算机主机的行业标准，主机已经变成一种凋零的商品。能够更新的只有运算速度提高的CPU和微软操作系统的升级。除此以外，无非是扩大存储容量、提升显示器清晰度等零件层面的改进。

另外，正如"狗年"的概念所体现的，产品生命周期变得极短，企业必须尽快地处理库存商品。因此各厂商被迫展开了激烈的价格竞争。

在此过程中，以亚洲为核心的新兴厂商不断提升自身的技术水平和生产能力，相继加入到市场之中。对亚洲新兴企业而言，最大的武器就是"价格便宜"。日本企业虽然在品质以及技术水平方面勉强保持住优势，但这种优势也在一天天丧失。也就是说，它们沦落为"计算机厂商之一"只是时间的问题。因此，如果还像过去一样，尽量利用本公司产品来生产计算机，企业将难以在残酷的价格竞争中幸存下来。

此外，随着价格下降与性能提高，计算机得到迅速普及，并且随着新应用软件的上市，逐渐被应用于各种用途。因此，普通用户的计算机能力得到提高，开始根据各自的独特用途来要求计算机的不同配置。市场的主导权渐渐由厂商转移到了用户的手中。

戴尔的问世正值市场的这一转变时期。正因为其创始人是一名没有以往行业经验的学生，戴尔才得以顺利地适应了新的现实。

■ 以开放式生产方式赢得"一对多"的地位

戴尔最初起步于计算机维修行业，而后发展为定制生产厂商。由于缺乏资本，戴尔采用定制生产方式具有必然性。毕竟当时还是学生的戴尔创始人的创业资金仅有1000美元……

戴尔的成功秘诀在于，通过在维修过程中与用户直接接触，得以准确了解他们的需求。另外，创业初期也主要是从维修顾客那里获得计算机订单。

也就是说，戴尔公司在处于普及阶段的计算机市场，偶然开始了定制生产的商业模式，而这一模式已经成为该公司的代名词。令人难以置信的顺利发展，使戴尔公司对这一模式更加深信不疑，获得风险资本投资之后，便迅速扩大了业务规模。

此处的关键在于偶然发现的商业环境。继续处于"多对一"的地位已经无利可图，戴尔公司正是出于这一判断，所以退出了几乎所有的生产、组装业务。此外，戴尔公司当时还偶然注意到，将所有的生产和组装工作外包出去，与其他公司展开协作，专注于自己擅长的设计、营销领域才是上策。

由于戴尔的定位与竞争对手之间存在180度的不同，最初周围并未引起高度警惕。对于IBM等拥有巨额资本、占绝对优势的品牌形象以及强大的营销网络的大型企业而言，谁会想得到，一名学生以1000美元创设的一无所有的创新企业后来会威胁到它们的地位呢？

一无所有的戴尔，随着计算机市场的成熟以及全球生产能力的提高，得以对众多零件厂商和组装厂商进行比较，从中选择能够以更低价格提供高品质零件的厂商。另一方面，大型计算机厂商则认为生产能力和流通网络才是自身的优势（竞争力）所在，所以并未追随戴尔的步伐。

如此一来，通过获得"一对多"的地位，戴尔公司迫使零件厂商之间展开价格竞争，最终向市场提供了更低价的高品质计算机。这正是符合迈克尔·波特提出的"定位论"（市场中的力量对比关系决定利润结构）的经营方针。

此外，戴尔通过选择与其他企业进行合作，在提升开发速度与产品质量方面也取得了成功。

在企业内部生产零件，如果零件性能低于其他公司，则会降低计算机的整体性能，这样的产品当然难以畅销。而如果等待本公司零件达到与其他公司同等的性能，企业将失去商机。

相比之下，如果像戴尔公司一样从外部订购零件，则可以选择在这个时点价格最便宜、性能最优秀的零部件，这样便能够迅速推出竞争力高于其他公司的产品。通过将开放化推向极限，与其他公司展开合作，戴尔公司避开了激烈的价格竞争，占据"一对多"的有利地位，选择"不拥有的经营"，成功地迅速从市场获得质量最好的零件。

开放式的计算机平台和众多供应商的存在，才是戴尔成长为世界级计算机厂商的关键。

不过，随着实力日渐强大的亚洲组装厂商开始推出自有品牌，戴尔的商业模式也逐渐蒙上了一层阴影。

接下来，由于市场重心由计算机转向智能手机和平板电脑，戴尔的业绩开始出现恶化。2013年，其创始人迈克尔·戴尔实施管理层收购（缩写：MBO，全称：Management Buy Out），私有化退市，以构建新的商业模式为目标，开始着手重建。

02 特斯拉——目标是成为电动汽车行业的微软

■■ 电动汽车也有测试版

听到"电动汽车"这个词，我们会毫不犹豫地想到丰田、日产等传统汽车产业。人们认为，虽然驱动力由汽油发动机变为电动机，但汽车还是汽车。此外，由于同时采用汽油发动机与电动机的混合动力车的存在，我们也倾向于在原有汽车的延长线上来思考电动汽车。但是，也有人用完全不同于以往的视角来看待电动汽车。他们便是IT行业的人士。随着汽车驱动系统变为电气装置，他们关注的是通过控制系统的电子化来收集行车时的各项信息。

此外，还有人认为，汽车在将来可能会通过互联网形成群体系统，而不再是单独的个体。由于电动汽车的电动机和充电电池等主要部件均由不同于以往汽车产业的行业提供，有可能将会形成超越以往行业的新集群。

电动汽车开始受到关注，原因在于其能够解决汽油等化石燃料的枯竭问题和地球变暖等环境问题。其背景是人们的危机感，即当发展势头显著的新兴国家对化石燃料的消耗达到与现有发达国家相同的水平，地球本身将难以为继。

特斯拉汽车公司于2003年在美国诞生，产品是电动汽车。

许多日本汽车厂商对电动汽车的认识是，将现有技术生产的汽车的部分零件，用其他零件替换以后形成的产品。

但是，特斯拉汽车公司则从完全不同的视角来看待这一问题。他们认为电动汽车完全不同于现有的汽车，简单地说，可以将电动汽车定义为"行驶的计算机"，并试图由此构建新的商业模式。

特斯拉汽车公司的创始人是埃隆·马斯克。他因为创造了互联网结算系统"PayPal"而广为人知。应该注意的是，他出身于与汽车行业毫无关联的IT行业。

特斯拉加入汽车市场，最初投入的是运动型跑车。因为当时的电动汽车还要受到技术方面的制约，只能短距离行驶，无法用于上下班等实际用途，所以电动汽车是作为富裕阶层的"高级玩具"来销售的。电动汽车的特征除了环保性能之外，还具有"加速性能"。这一点成了作为运动型跑车的卖点。

对于依靠制造无故障高品质汽车为生的厂商而言，在市场上销售原型样车（试验型号）是难以想象的。此外，如果经受不了实用考验的汽车遭到大量投诉，之前培育起来的品牌形象也会受到损害。但是，特斯拉汽车公司则完全不同。他们原本就是没有什么可以失去的创新企业，所以就像发布测试版软件一样，开始在市场上出售电动汽车的原型样车。这真不愧是PayPal创始人的做法。

■ "操作系统"的价值

特斯拉汽车公司并不具备其他汽车公司所拥有的生产技术。因此，他们将车体制造委托给丰田汽车公司，将电池的生产交给松下公司。也就是说，几乎所有的零件都外包给了外部的一流厂商。

那么，特斯拉汽车公司的价值来源是什么？他们的目标究竟又是什么？如同掌控着操作系统的微软公司能够称霸计算机市场，他们的目标就是在电动汽车领域制定电动汽车控制系统的"操作系统"的行业标准。

在特斯拉汽车公司进入日本时，我曾经采访过当时的日本公司总裁。当时最令我惊讶的是，特斯拉电动汽车的所有行驶数据，如电池的剩余电量和温度等信息，全都会被上传到特斯拉汽车公司总部。而且对汽车的检修作业，除了车体凹痕等物理性损伤之外，几乎全部可以远程掌控。

如今，计算机软件开发公司通过互联网与计算机用户相连，每次升级时都会彻底调查用户对该软件的使用情况。特斯拉汽车公司进行的工作也与此类似。

图9-2 特斯拉汽车公司的电动汽车

　　这里的关键是开发卓越的操作系统。汽车高速行驶时电池温度会上升，导致消耗速度加快。因此，开发能够妥善控制温度，提高电池效率，使电动汽车行驶距离更长的操作系统，将直接关系到电动汽车的实用性。面对这种情况，特斯拉汽车公司已经获得了多项能够将电池消耗控制在最小限度的专利。此外，该公司还在从以怎样的速度驾驶汽车可以延长电池寿命的角度来改良操作系统。

　　特斯拉汽车公司商业模式的最大关键就在这里。他们认为，汽车的核心价值将从电动机、电池及车体等部件及其包装，转移到控制这些零件的操作系统。

　　这种情况与之前计算机行业发生的现象完全一致。

在20世纪80年代，计算机行业迎来了商品化大潮。新兴国家的厂商开始生产部件之后导致价格下降，零件厂商和整机厂商都变得难以获得足够的利润。另一方面，几乎垄断了操作系统的微软公司成功地获得了巨额利润。也就是说，特斯拉汽车公司的目标是成为"电动汽车行业的微软公司"。因此，他们的盈利模式是，通过增加本公司电动汽车的销售数量，普及电动汽车操作系统，使之成为事实上的行业标准（垄断）。

不过，微软公司成功的背后是IBM公司的存在。微软在Windows之前开发的操作系统"MS-DOS"最初是提供给IBM计算机使用的。也就是说，微软公司借助IBM的品牌效应和销售渠道，扩大了操作系统的市场份额。如今的特斯拉汽车公司也在试图采取相同的战略。对于该公司的一系列合作战略，也有观点认为，特斯拉是在利用丰田汽车公司、松下公司等的生产能力和品牌信誉，来实现扩大销售的目标。

■■ 控制平台者得天下

现在，特斯拉汽车公司将本公司开发的操作系统无偿提供给其他汽车厂商，其目的非常明显，即意图成为电动汽车操作系统领域的事实标准。通过普及本公司的操作系统，扩大其使用范围，在进一步改善软件的同时，将来也有可能会对某些部分实行收费（对使用权进行收费或者销售扩展功能等收费的附加服务）。

提供通话及聊天服务的LINE是免费提供基本服务的。然后，他们在聊天服务领域确立了事实标准的地位，现在则通过销售收费表情来获得利润。今后，能够掌握平台，企业就可能抓住在此基础上出现的商机。

在计算机行业，全程包揽从零部件生产到组装的"计算机厂商"已经消失。现在剩下的只有生产CPU、硬盘等零部件的厂商以及组装它们的装配厂商。

汽车行业可能也会出现类似情况。发动机曾经是普通汽车的心脏，在电动汽车时代却变得不再需要。另外，对今后的核心部件电动机和电池的生产，机电厂商要比汽车厂商更加擅长。在这种情况下，可以预想到产业框架也将发生巨大的变化。主导权从汽车厂商移交给生产操作系统的企业或机电厂商，我们无法忽视这种可能。

此外，正如以"没有工厂的厂商"姿态登场的戴尔公司，通过组装计算机获得了大量份额，将来也可能会出现新形式的汽车厂商，即通过组装电动机、电池等部件来生产汽车。正由于他们没有独自的设备，所以可以通过外部订购获得最好的电动机和电池，然后组装出最好的电动汽车。

经销商网络与服务网络也将发生变化。企业需要的不再是熟悉发动机的技术工人，而是熟悉电气或信息系统的维护人员。此外，企业还需要改变基础设施。

传统汽车和电动汽车的名称中都有"汽车"。但是，二者之间在产业结构方面却存在着巨大差别。

■ IT领域的新秩序

现在，"新一代汽车"有几个候补选项。其中之一是应用氢气的"燃料电池车"。但是，与遍布世界的电力供给网络相比，氢气站的基础建设必须从零开始，因此燃料电池车在成为现实之前还有相当漫长的路程。

而电动汽车能够利用原有的基础设施，这是其优势所在。在发达国家，几乎所有场所都有电源，而且可以通过无线局域网连接到互联网。可以说，电动汽车的应用环境已经非常完备。

单独来看，燃料电池也有其优点。此外，福岛核泄漏事故之后，世界各国对核电的态度变得更加慎重。因此，电动汽车所需的电源仍旧依赖化石燃料，这一点使其环境价值不断下降。但是，如果想要像谷歌一样将汽车作为一个群体，使用GPS对其进行控制，则不能忽视电动汽车的存在。

当然，我们无法预测今后电动汽车将普及到何种程度，因为未来会受到技术革新和社会环境变化的很大影响。不过，埃隆·马斯克提出的"将汽车作为整体（全新的社会体系）而非个体来重新认识"是有一定说服力的。

正如电动汽车的案例所示，随着ICT的发展壮大，人们研究商业的方法和行业框架都将发生很大变化。为了比其他人更快地制造出优秀的软件，必须在初期阶段就进行反复探索。于是，企业会廉价甚至无偿地发布半成品，让用户发现其中的漏洞。埃隆·马斯克销售"测试版"运动型跑车，迅速收集行驶数据，正是出于这个想法。相比之下，日本的汽车厂商则往往受到固有价值观的束缚，认为"本公司的特长是高品质产品，因此出售给客户的商品必须完美无缺"。

此外，IT领域出现了新的趋势，即由"单个商品"的竞争转向"平台"层面的竞争。传统汽车为了扩大利润，在发展过程中需要持续进行设备投资、增设工厂。然而，软件的复制几乎不需要任何成本。也就是说，一旦确立起平台优势，就可以不用追加设备投资也能够大幅度扩大利润。

随着电动汽车的问世，汽车行业"在技术上转向ICT"，可能会产生全新的秩序。

■■ 电动汽车创新企业的另一个版本："Better Place"

名为Better Place的公司几乎与特斯拉汽车公司同时开始挑战电动汽车的生产，但却在2013年宣布破产。

Better Place公司并非电动汽车制造商，而是一家提供电动汽车所需的全新基础设施的企业。它把电动汽车看作一个系统，试图实现另一个意义上的标准化。Better Place公司认为电动汽车的瓶颈是充电电池。当时电池容量很小，仅行驶数十公里后就需要充电，而且充电需要耗费很长时间。于是，该公司提出一种解决方法，即在汽车底部设置安放电池的部位，让汽车在交换站更换电池。他们认为，在加油站的一角设置电池交换场所，就可以提前确保充电场所。通过引入电池交换系统，即可解决靠一个电池无法充分保证行车距离的问题。

当时，充电电池的成本非常昂贵，占电动汽车总成本的一半，但行车时的电力费用远远低于汽油费用。基于这一点，Better Place公司决定采用租赁充电电池的方式。这样看来，该公司似乎设计出了一种聪明的商业模式，并且成功地获得了风险资本的资金支持。

但是，现实并不尽如人意。由于固定了电池的安放部位，汽车的设计受到了很大制约。一段时期，日产汽车也成为Better Place公司的股东，深入研究了这一系统。大多数汽车厂商反对这种做法，未能与之展开合作。而且，设备投资需要巨额费用，这一点成为最大的估算错误。在各个交换站，都必须准备一定数量的昂贵的备用电池，导致成本严重超出预想。

不久，随着技术的进步，电池容量得到很大改善。同时，由于快速充电技术的发展，交换电池的方法本身也失去了魅力。结果，Better Place公司的业务丧失了合理性，最终不得不宣告破产。

本书第1部分提到了商业模式的"S"形发展曲线，在业务发展的黎明期就试图确立行业标准的做法具有极大的风险。例如就电动汽车而言，日本创新企业仍然处于在基本结构层面进行设计竞赛的状态，如提出轮内发动机方案（在驱动轮附近安装电动机的方式）等。而且，企业必须从总体上探讨汽车所需达到的行驶稳定性和安全性等，仅仅通过更换充电电池来完成主导设计（成为行业标准的基本结构）的做法本身也是不现实的。

此外，在Better Place的商业模式中，大规模的设备投资不可或缺。因此，在环境变化要求企业调整发展战略时，无法轻易做出改变。

另一方面，特斯拉汽车公司依据汽车操作系统构建的商业模式则不需要行业达成一致，同时也可以通过尽量利用外部力量，控制设备投资。而且，特斯拉没有立即提出行业标准，而是以将来的事实标准化为目标，采取推出测试版车型、与其他公司合作以及提供无偿服务等方式，稳扎稳打地建构事业环境（生态系统）。但即便如此，特斯拉能否取得成功，还是个未知数。

事实上，在与丰田公司共同开发RAV4电动汽车的过程中，二者的设计思想发生了冲突，而且由于双方没有公开车辆控制系统的源代码，合作已经于2014年终止。但从目前来看，特斯拉汽车公司的S车型电动汽车销售状况良好，预计还将投入新的车型。该公司的业绩正在不断上升。

顺便说一句，Better Place公司的创始人沙伊·阿加西曾经在欧洲顶级软件企业SAP公司担任董事。他与埃隆·马斯克一样，也是出身于软件行业而非汽车行业。这一点颇为有趣。

　　在将电动汽车定义为互联网商业这一点上，二人的观点是一致的。我们常常觉得电动汽车归根到底仍是汽车，由传统汽车厂商进行生产并无不可。但沙伊·阿加西与埃隆·马斯克则是在洞察到了技术特征的基础上，以所未有的视角来思考新的行业结构（商业生态系统），因此创造了新的商业模式。

03 新雪谷——闯进世界前十名的滑雪度假村

■■ 不比不知道的内在魅力

全球化以及亚洲新兴国家的崛起所带来的变化，并不只局限在制造业。可以预测，富裕起来的亚洲人为了享受、体验富裕生活，会到世界各地去旅游。而且，廉价航空公司的发展大大降低了机票价格，这也会推动国外旅行者的增加。

如今，在纽约、伦敦等世界各地的观光地，以中国人为代表的亚洲新兴国家的旅游者排起了长队。也有许多游客来到日本，而且预计今后人数还将持续增加。

尤其是日本，地理上处于有利地位，治安也很好，得益于都市以及自然、历史等方面的观光资源，具有非常大的潜力。但是，目前到日本旅游的国外游客刚刚超过1000万人，只相当于排名首位的法国的八分之一、第二名美国的七分之一，在世界观光地排名榜中低于韩国（第22名），仅为第27名。在这种状况下，日本政府提出"观光立国"方针，推动以"Cool Japan"为首的各种活动。今天，在全球化的新背景下，日本的旅游产业需要重新考虑其发展战略。

不过，北海道的新雪谷在《福布斯旅游指南》评定的世界滑雪场排行榜中进入前十名，已经成为世界级滑雪休闲场所。新雪谷的变化出现在21世纪的最初几年。我在新雪谷滑雪时，遇到过一位来自澳大利亚的游客。他住在澳大利亚南部的阿德莱德。过去，他冬季前往澳大利亚北部的滑雪场，经常需要开车12小时以上。而且，澳大利亚国内的滑雪场由于降雪量少、规模较小，他总是感到非常不满。在听说了新雪谷之后，他来到了这里。路上需要乘坐大约12个小时的飞机，与前往国内滑雪场差不多。而新雪谷的雪质与澳大利亚有天壤之别，还可以欣赏到壮观的景色，享受到独具特色的温泉以及美味的日本料理。看到他愉快地感叹"居然有如此美妙的地方"，我更加确信新雪谷蕴藏着巨大的潜力。

■ 新雪谷"走向世界"的两大原因

新雪谷能够获得现有地位，主要原因有两点：第一点是亚洲以及大洋洲地区的经济发展。随着经济的发展，亚洲各国与澳大利亚涌现出大量来自富裕阶层的顾客，他们拥有时间和金钱来休闲度假。

亚洲有很多可以让游客享受到美丽的海洋和沙滩的度假地。尤其在东南亚，巴厘岛、马尔代夫群岛、普吉岛等地吸引着大量游客。相比之下，冬季观光地却很少。亚欧大陆的东北部虽然气温很低，但降雪量却并不多。实际上，大概只有日本等地拥有可以轻松享受天然雪的场所。

在中国香港的富裕阶层中，不少人在周五下午飞往新雪谷。他们在周六和周日享受滑雪的乐趣，周日晚上返回香港。对他们而言，带着私人滑雪板走在香港国际机场，已然成为一种身份的象征。

第二个主要原因是"山地滑雪"的流行。一般的滑雪是在把雪压得很硬的滑雪场进行。而近年来，越来越受到人们青睐的，是在无滑道的未压过的雪地上如游泳般滑行的山地滑雪。山地滑雪必须要有充分的降雪量和适度的斜坡等条件，而能够满足这些条件的只有新雪谷等有限区域。

■■ 为了提高顾客体验价值而"牺牲小我"

新雪谷得到世界的认可具有偶然性。罗斯·芬德利是一位钟情于新雪谷的澳大利亚人，他设立了可以进行漂流等娱乐活动的"新雪谷探险中心"。以此为契机，新雪谷在国际上开始受到好评，于是便有外国投资者来收购宾馆设施，面向外国游客进行重建以及再开发等（大多改建为可供家庭住宿的宽敞的2居室公寓式酒店）。此外，会讲英语的教练和导游也越来越多，新雪谷的服务质量逐渐得到了提高。

在此过程中，最关键的是新雪谷地区的企业联手合作，共同致力于提高顾客的体验价值。当时新雪谷有东急、王子、日航等多家日资酒店。过去，各酒店倾向于各自圈客，他们不愿意配备到附近的温泉接送顾客的班车巴士，缺乏促进整个地区发展的观念。

对只打算游玩两天一宿的日本国内顾客来说，这种做法似乎并无不妥。在许多日本人看来，雪并非罕见之物，因为就连南部的四国和九州地区也会下雪。对他们而言，滑雪只是位于日常生活延长线上的一部分而已。与其说是享受不同于平时的休闲时光，不如说是以比较便宜的费用轻松地享受滑雪运动本身的乐趣。所以，对于不花时间就可以吃饱肚子的"滑雪场的饭"也会有需求。

而作为面向国外游客的"国际滑雪场"，其商业模式则完全不同。外国人的休假时间一般要长于日本人。到新雪谷游玩的澳大利亚人普遍会逗留一周左右的时间，如果他们每日的两餐都在酒店的餐厅里解决，当然会吃腻。也就是说，以圈客为目的的日本国内酒店，没有适应外国游客增加的环境变化。

造访新雪谷的外国游客多与家人同行，其中也有不少成员并不滑雪。家人享受滑雪或雪橇的时候，他们会去参加泡温泉或者观光等其他活动。这一现象不仅仅出现新雪谷，在范尔、惠斯勒等世界顶级滑雪胜地，不参与滑雪或雪橇运动的游客也会占半数。因此，新雪谷町开设了直通附近温泉的班车。此外还在餐厅摆放了用英语、汉语、韩语等制作的观光指南。当地高中也加强英语、待客等方面的教育投入，大力培养能够接待外宾的人才。通过各领域企业的相互协作，新雪谷作为旅游地，取得了飞跃式发展。

2014年，新雪谷宣布与"Epic Pass"进行合作，这种季票可以在美国科罗拉多州、犹他州等地的滑雪场使用。由于在科罗拉多州的世界顶级滑雪胜地范尔滑雪场也可以通用，此举有望促使新雪谷在全球范围吸引更多的游客。尤其在近些年来，由于地球气候变暖，北美的滑雪场面临雪量严重不足的烦恼，新雪谷中除了亚洲以外，来自欧美的游客也在不断增加。

在商业全球化的过程中，新雪谷被纳入世界休闲度假胜地的地图，一跃成为世界级旅游地。对于新雪谷而言，由熟悉世界高级观光胜地的优质顾客将其与范尔滑雪场进行比较，是一大挑战。但是，要求苛刻的顾客对服务品质也会非常敏感，他们会毫不吝惜地为优质服务支付相应的价格。通过与世界顶级休闲度假胜地进行竞争，新雪谷提供的价值将会得到进一步提升。此外，为了寻求第二个、第三个新雪谷，外国滑雪运动家正出没于各个地区。

特别是在最近很受游客欢迎的野泽温泉，穿上木屐和浴衣，享受温泉魅力的同时，品味日式佳肴和美酒，这种只有在日本才能体验到的度假方式深受青睐。提及创新，人们常会联想到IT等前沿领域，但是在滑雪场、温泉等具有传统色彩的商业领域，也同样存在顺应环境变化、构建全新商业模式的机会。

CHAPTER 10

当环境迥然不同时

扎根于"异国"，以当地视角来探讨

01　GE——探索创新的新途径

■■　把在新兴国家开发的商品卖到发达国家

我们经常听到的一个观点是，为了实现创新，应该"不受限于以往的常识，从零开始思考问题"。但是，对于生活在现实世界中的商业人士而言，他们不可能忘掉已经在某种程度上成为潜意识的常识。

不过，我们可以通过置身于不同的环境，有意制造出"常识无法发挥作用"的情景。例如，某种商品的应用场所被设定为电力及交通等社会基础设施完备的发达国家城市，那么，如果在基础设施欠缺的发展中国家的农村地区，是无论如何也打不开销路的。以前，这些地区被视为处于商圈之外，不被考虑为商业对象。

现在以及今后，新兴国家和发展中国家的发展令人瞩目。因此一种新气象正在形成——从发展速度缓慢的发达国家转为在新兴国家及发展中国家积极开展业务。

现在出现了一些全球性企业，它们反向利用发达国家的常识无法发挥作用的环境，将其看作是开发前所未有的新业务或新商品的良机。而且也已经出现在此环境下生产的产品反过来出口到发达国家的情况。

在此之前，创新大多是诞生于发达国家，然后扩展至新兴国家。一般的情形是，富裕国家生产出高性能的新产品，通过降低性能或品质来降低成本，然后销往新兴国家。

但是，近年来在新兴国家开发的商品销往发达国家的事例层出不穷，这种情况被称为"反向创新"。其典型案例是，世界最大的复合型企业通用电气公司（GE）的子公司开发的小型超声波诊断仪器。

超声的工作原理是使用超声波扫描人体，通过捕捉反射信号，来确认体内状况。其优点在于，能够实时地显示出内脏或胎儿等的图像，而且不同于放射线，对人体造成的影响较小。

过去，日本等发达国家医院采用的是固定式超声设备，价格极为昂贵。可以彩色显示且提供高准确度图像的型号价格可能需要2000万～3000万日元。富裕国家的医院大都配有这样的设备。但是，对于医疗预算有限的新兴国家而言，引进昂贵设备会有一些困难。因此，通用电气公司命令其在中国的研发团队开发出面向新兴国家的超声仪器。其条件是性能达到现有产品的六成即可，但价格要控制在原来的十分之一。

■■　在不同环境下实现低成本和小型化

通过改良现有的超声仪器，难以实现"成本降为原来的十分之一"这一目标。于是，开发团队180度地改变思维，以笔记本电脑为基础，从零开始研发新的型号。

由于使用现有的设备材料，新型号的成本非常低。而且，由于只有数千克的重量，医疗人员可以轻松地携带至需要的场所。虽然性能不高，但足以满足当地的要求。其结果是，这款"便携式超声仪器"在新兴国家的医疗机构受到了热烈欢迎。

新型超声仪器以笔记本电脑为基础，凭借蓄电池可以运转1小时左右。因为在一些内陆地区，农村还会存在电力供应不足或者不够稳定的情况。

新型超声仪器的这一特点在发达国家的急救医疗或者上门护理等业务中也非常适用。近年来，发达国家也开始引进这种新型超声仪器。

一般而言，创新倾向于提高产品的性能，因此很难出现在性能方面做出妥协，从而削减成本或缩小尺寸等想法，尤其是在发达国家研发部门工作的工程师们很难做到这一点。因此，通用电气公司以社长直接管理的形式，组建了以当地人员为中心的项目组，允许其自由利用全公司的资源，并将总部及其研发部门的干涉控制在最小范围。

这个项目组被称为当地发展团队（Local Growth Team）。该团队最终摆脱已有常识的束缚，成功地开发出了满足当地医疗现场需求的产品。

也就是说，果断地将研发部门移至海外，强行改变了商业环境，就涌现出了不受常识束缚的新思维。这便是"反向创新"式的开发方式。

图10-1 什么是"反向创新"？

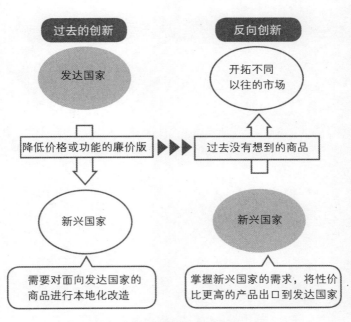

新兴国家的发展给世界市场带来变化

　　GE在上海（中国）、班加罗尔（印度）、里约热内卢（巴西）等新兴国家城市设立了研发中心，为实现符合当地需求的创新创造环境。

02 "M-Pesa"——用手机号码当账户

■ 商业模式也要"入乡随俗"

不少人认为，反向创新就是"降低功能，从而进一步降低价格，生产在发展中国家也能畅销的产品"。例如通用电气公司的子公司推出的小型超声波诊断仪就是主要面向发展中国家开发的产品。但是，这只是反向创新的一个方面。

反向创新的本质是，"将某种商业模式移植到前提条件截然不同的其他环境中，从而创造出新的商业模式"。

原封不动地把在其他地方获得成功的业务带至环境迥异的其他地方，在许多时候是很难成功的。

例如，养乐多公司的按月签约销售模式在日本取得成功，而到了菲律宾却惨遭失败。这件事发生在50年前。当时，菲律宾的多数百姓还未过上按月领取工资的稳定生活，因此按月签约、过后支付的方式很难收回货款。

当社会环境差异较大时，企业一般会判断，"那里不适合发展业务（不存在市场）"，然后迅速撤退。事实上，当时的养乐多公司也曾经考虑过撤退。但是，这种想法其实存在一个误区，即盲目地认为在日本取得成功的商业模式绝对不能改变，养乐多公司就必须依赖这种方式才能存在。

其实也可以将之作为一个绝佳机会，积极地挑战逆境，暂且忘掉日本的社会环境，思考适合菲律宾当地社会环境的新商业模式。实际上，养乐多公司的员工之后就深入当地，向当地医疗人员介绍养乐多产品的功能，并在沿用"养乐多妈妈"[1]销售系统的同时，创造出每天回收现金货款的新商业模式。

反而言之，为了使某商业模式在其他地方获得成功，就必须重新考虑之前的各项前提条件，并根据当地情况进行调整。调整之后，才能够创造出不同以往的新商业模式。这一过程包含无穷乐趣。

■ "M–Pesa" 的非凡成就

据说以非洲各发展中国家等地为首，无法享受银行服务的"非银行"人口在全世界达到20亿人。

在发达国家，银行服务被视为理所当然，然而银行服务需要相

---

[1] 养乐多公司特有的销售方式，由被称为"养乐多妈妈"的工作人员提供家庭配送服务，按时将产品送到顾客家中。

应的银行服务制度，并且需要银行在各地设有支行。而且，银行还需要能够支撑其存在的商业环境，以及能够支付银行服务费用的经济实力。

由于缺乏稳固的商业基础和拥有支付能力的使用者，许多发展中国家的农村地区处于无法享受银行服务的状态。此外，银行服务的缺失导致在汇款、支付等所有生活领域都采用现金形式，造成货币社会流通的效率低下。并且由于无法存款，人们不得不把钱藏在床垫下面等地方，难以养成储蓄的习惯，还要面临金钱丢失或被偷抢的风险。

如今，利用手机的移动银行服务在非洲等非银行地区飞速普及。全世界共有261种此类服务，每月会发生4.8亿次交易。人们实际使用的账户数量在2014年达到1.03亿个，相比2年前的3000万个，实现了飞跃性增长。

其中的典型代表为英国沃达丰（Vodafone）公司的子公司、肯尼亚最大通信公司萨法瑞公司（Safaricom）运营的M-Pesa。

在非洲，农村人口约占总人口的60%，其中许多人会到城市打工赚钱。另外，没有银行账户的"非银行"阶层占非洲人口的80%。因此，为了将钱安全、便利地从城市寄回农村，人们对于这方面服务的潜在需求非常大。过去主要依靠当面递交或者邮递服务，而如今肯尼亚半数以上的人都在用M-Pesa进行汇款。

M-Pesa服务开始于2007年，由萨法瑞公司与美国金融服务公司西联汇款（Western Union）共同运营。其服务机制是，以手机号码作为账户号码，将银行的支行功能委托给各地的手机代理店、零售商店、加油站等"代理商"，从而为顾客提供存款、汇款以及支付服务。开设账户时，利用者需要在萨法瑞公司的店铺提供手机号码和身份证明。存储现金时，人们把现金交给代理商，出示手机号码，由代理商将钱存入电子账户，并向客户手机发送交易确认信息。

签约者在汇款时，告诉代理商收款人的手机号码和汇款金额，从代理商处获取交易确认短信和密码，并将汇款金额和密码通知收款人。收款人来到距离自己最近的代理商处，出示电话号码、身份证明、密码等信息，即可取出现金。

取出存款时，人们向代理商出示电话号码、身份证明以及账户密码，即可从代理商获取现金和交易确认短信。此外还可以用非现金交易的形式在代理商的店铺进行购物。由于方便和安全，非现金化正在非洲实现快速发展。

在推出服务5年后的2011年，代理商在肯尼亚全境增至约24000家，肯尼亚国内的M-Pesa使用人数达到1810万人（占人口的49%、手机使用者的64%），占肯尼亚金融交易数量的70%左右，成为肯尼亚国内重要的金融服务基础设施。

使这项服务成为现实的，是手机的飞速普及。非洲的手机使用人数在2000年为1700万人，2011年则达到6.2亿（超过总人口的

60%）。肯尼亚的手机使用人数也达到六成以上。

由于不具备像日本一样的银行分店网络等基础设施，非洲反而实现了手机银行及非现金化的发展（即所谓的"绿地效应"）。

当然，日本也通过充分利用社会基础设施，在各类无柜台金融服务方面获得了较大发展。

2000年前后，日本开始出现网络银行。继2000年的日本网络银行之后，eBANK银行（现为乐天银行）、索尼银行等网络专业服务相继问世。2012年，有65.2%的银行服务利用者选择网络服务。

此外，Suica等铁路公司的电子货币也正在普及。2007年，作为一项新服务，利用便利店中的ATM的7-11银行面世，得到人们广泛应用。

但是，M-Pesa等将处理现金业务的各种顾客连接点作为代理商组织起来，利用手机构建起金融基础设施，这样的商业模式是只有在非洲的发展中国家才能得以实现的创新，今后可能还会普及到世界各地。

03 久保田——在中国市场展开新业务

■■ 让昂贵的价格物有所值

一般而言，在新兴国家开发的业务给人的印象往往是，"七成功能，五成价格"，即通过降低规格标准和低廉价格实现价值。但是，实际情况并不一定如此。即便是高品质、高价格的产品，如果能让顾客理解到其所提供的产品物有所值，也有可能形成卓越的业务。前文提及的小松制作所和下文将要介绍的农业机械厂商久保田公司在中国的拖拉机业务都证明了这一点。

久保田公司是一家成立于1890年的老牌企业，起初属于铸造行业。最早主要从事上下水管道等公共事业方面的业务。1947年，久保田公司开始生产中耕机，1960年成功推出日本国产的第一台旱田耕种用拖拉机，成为日本国内排在首位的农业机械厂商。久保田公司过去以日本国内为中心开展业务，但近年来海外销售已经占到销售额的50%以上，成为可以与小松制作所、大金公司并列，成功实现全球化发展的典型企业。

久保田公司的海外业务历史久远，从1957年便开始向巴西出口机械，20世纪80年代在欧美及东南亚等地14个国家开展销售业务。但真正开始全球化发展是在2000年以后，在新兴国家的工业化发展过程中，农业人口逐渐减少，农业机械化取得了不断发展。

久保田公司的农业机械具有高品质和高性能，价值也很昂贵。在重视价格的新兴国家，尤其在中国市场，与其他日本企业一样，久保田公司也预想到了市场开拓的艰辛。但是，通过引入适合中国市场特征的新型商业模式，久保田公司成功占有了70%的市场份额。

久保田公司进入中国市场是在1998年。当时其农业机械价格相当于普通农村家庭年收入的10倍，看似不可能扩大销售。但是，中国也有资金实力雄厚的富裕农民。久保田公司注意到这一点，开展面向他们的新业务，这便是帮助普通农户从事收割作业的"收割机出租"业务。富裕农民作为"收割机出租业务"的经营者购入农业机械，雇佣作业人员，承接农户的收割作业。久保田公司的农业机械质量极好，不易发生故障，并且能够长时间连续运转。因此，虽然价格昂贵，但单笔业务的成本比较低，作为商业投资非常划算。

影响单笔业务成本的主要因素有4点：①运转率。②维修费用。③燃料费用。④二手机械脱手价格。中国生产的农业机械寿命约为1000小时，而久保田公司的产品寿命却可以达到7000～8000小时，因此即便价格昂贵，也仍然物有所值。

"收割机出租业务"对富农而言是十分划算的投资选择。久保田公司最初针对富农的促销口号是，"用久保田联合收割机成为农机界的比尔·盖茨"。如此具有吸引力的投资得以实现，其背景与农业耕地面积广大、机械化进展比较缓慢、富裕农民的投资欲望比较强烈等中国国情密切相关。

如果不下雨，"收割机出租业务"可以24小时连续运转。在中国，以4月之后的广东省和6月之后的四川省为首，各地相继进入收割的最繁忙时期，到黑龙江省10月份进入收割期为止，收割机在中国从南到北的广阔土地上，每年移动1000～3000公里，在一年当中都能保证较高的运转率。每年如果运作100天，可以获得25万元的收入，3年内就能够收回投资。拥有数十辆农业机械的"收割机出租业务"就这样遍布各地。

■ 用功能和效果说话

久保田公司为了支援"收割机出租业务"，还通过当地子公司为其配备被称为"联合"（KAMS）的维修卡车队。"联合"卡车队的维修工程师带着零配件，与"收割机出租业务"的拖拉机一起在各地奔走，随时解决故障或更换零件。此外，"联合"还为新加入"收割机出租服务"的农民提供细致周到的顾问服务，如如何在各地运作、如何增加收益以及路线方面的建议。

近年来，虽然"收割机出租业务"的竞争日趋激烈，但久保田公司凭借符合当地情况的商业模式以及为其提供支援的服务网络，在中国确立了领先地位。

在新兴国家与发展中国家，日本产品经常被批评为"品质过剩"。但是久保田公司的农用机械或小松制作所的工程机械将高品质直接与作业效率或企业的投资效益联系起来，通过特有的机制来销售产品的功能和效果，而非产品本身，从而消除这些负面评价。

不过，单凭小松制作所康查士系统的各种服务，或者久保田公司"收割机出租业务"等商业模式是远远不够的，还必须拥有高品质的产品以及对该产品的巨大市场需求，才能够做到这一点。

CHAPTER 11

立志为社会做贡献

解决社会问题，寻求超越"商业"的协作

01 社会创新：超越营利与非营利的界限

■ 在商业活动中创造社会价值

我们通常把商业型事业称为营利性事业，把社会贡献型事业称为非营利性事业或公共服务，对二者加以明确区分。然后把社会问题交给公共服务或非营利性事业解决，而商业对象则只限定于拥有支付能力的顾客。

当然，在公共服务领域也存在商业活动，也有商业发挥专业性和高效性参加公共事业的投标或公共服务的民营化等情况。对商业而言，政府或公共团体属于资金回收风险较小的高级顾客，与其他顾客并无本质上的差别。此外，近年来也有企业把援助非营利团体的活动视为企业社会责任（CSR）的组成部分，予以积极协助。不过类似活动通常被理解为主业之外的活动。

然而，如果我们能够改变对"商业"的思维定式，探讨企业应该如何为社会问题做出贡献，那么将有可能发现新的机会，创造出前所未有的全新价值。

尤其在财政赤字成为严重问题的日本，更需要寻求超越公共服务和商业界限的新的解决方法。

财政赤字是发达国家的共通问题。尤其是发达国家的先驱英国由于经历了"英国病"这一市场成熟时期的社会现象，很早便开始尝试公共部门与商业之间的协作。

民间主动融资（缩写：PFI，全称：Private Finance Initiative）是指，民间投资主体从事公共场所的投资、建设或运营，提供其中部分设施作为公共设施。在日本，也有一些地段优越的城市公共设施广泛利用民间资本从事政府机关的改建工程等项目。

在商业全球化加速发展的今天，鉴于国家间的规定不同，以及尚未形成世界性规则等现实，民间企业需要意识到主动参与社会问题的必要性。

哈佛商学院教授迈克尔·波特因竞争战略而闻名，他提出创造共享价值（缩写：CSV，全称：Creating Shared Value）的概念，鼓励商业基于长远眼光解决社会问题，同时创造出可持续性价值。

此外，最近还出现了很多"社会创业者"，他们致力于提供问题解决型服务，从事超越原有公共服务框架的社会性事业（营利或非营利）。他们努力推行社会创新，刷新了原有的社会机制和分工体系。

02　再生银行——将民间智慧用于垃圾处理

■　让市民、企业和行政部门均能获利

　　再生银行主要提供垃圾处理服务，旨在通过充分运用民间智慧（尤其是促进顾客购买产品的市场营销及促销等方法），提高公共服务的效果。再生银行于2004年始创于费城，随后扩展至美国各地，现已延伸至英国等国家。

　　如今，世界各国都在大力推行垃圾的回收利用，但并非所有国家都一帆风顺。其中，有些地区的再生资源回收率难以提高，问题之一在于市民的动机不够。丢弃垃圾的人认为分类处理资源垃圾太费事。高度关注环境问题的人可能会极为认真地进行垃圾分类。但是，对于未能认识到其重大意义的人而言，必然会觉得垃圾分类是非常麻烦的事情。结果导致行政部门对未分类垃圾只能进行填埋处理，由此增加了额外的成本。

　　美国的罗恩·高南和帕特里克·菲茨杰拉德偶然想到，可以导

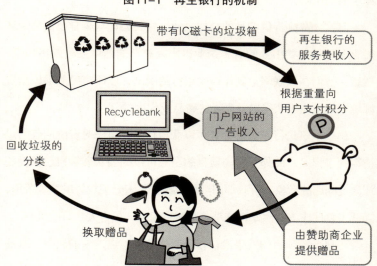

图11-1 再生银行的机制

入与回收量挂钩的激励制度。

该制度的具体内容是，"根据重量，向进行垃圾分类的市民提供赠品"。

为了把这个理念变为现实，需要克服3个障碍。

· 测量每个家庭分类的垃圾重量，兑换成积分

· 由赞助商根据积分提供赠品

· 说服市政府和清洁工接受这项新尝试

首先，寻找企业来开发带有IC磁卡的塑料垃圾箱。幸运的是，Cascade Engineering公司认同了这个项目，利用该公司技术完成了新型垃圾箱的开发。他们由此确立了能够测量何人提供了多少资

源垃圾的机制。

其次，募集提供赠品的合作企业。强生公司与全食超市公司等热衷于环境保护事业的著名企业以出人意料的速度立刻做出响应。然后，他们在互联网上制作再生银行的网站，以便市民能够根据资源垃圾的重量来获得自己喜爱的赠品或优惠券。

由于认真进行垃圾分类就可以获得赠品，市民对资源回收的热情得到了提高。此外，参与项目的企业可以向公众展示自己积极关注环境问题的形象，行政部门则得以减少了未分类垃圾的填埋费用，降低了管理成本。因此，这是一个所有相关人员皆大欢喜的机制。

不过，该项目的效果最初曾经遭到怀疑，迟迟未能获得行政部门的认同。诸多波折之后，在费城的栗树山地区进行了试点。其结果是，之前30%左右的资源回收参与率被提高到了90%。

在接下来参加试点的好莱坞地区，50万美元的垃圾处理费用被节省下来。在这之后，导入这一机制的地区迅速扩大，在不到10年的时间内，就已经扩展至全美国数百个城市。

再生银行公司的收入来源包括各家庭确认垃圾处理积分、兑换赠品的网站的广告收入，以及作为削减垃圾处理费用的报酬从行政部门获得的服务费收入。该项目的构思虽然简单，但为行政服务带来了新的解决措施，在这个意义上堪称划时代的商业模式。

03　彼得伯勒监狱——降低再次犯罪率获得报酬

■■　募集投资解决社会问题

最近，名为"社会影响力债券"的项目受到了人们的关注。该项目向解决了社会问题的企业或团体支付成功报酬，普通投资者也可以参加。通过引进这一机制，既可以保障项目的长期资金需求，又能将风险分散到政府、投资者、企业或团体等三个方面。

"社会影响力债券"的首个案例是英国彼得伯勒监狱的项目。一家名为"社会金融"的机构向社会投资者募集资金，将其用于援助服刑人员及其家属。社会投资者根据服刑人员出狱后的再次犯罪率的降低程度，从政府获得相应的成功报酬。

■■　降低监狱运营费用要靠谁

如前所述，英国与其他发达国家一样，为沉重的公共债务负担所苦，因此希望尽可能削减监狱运营费的成本。

但是，如果单纯削减监狱运营费用，将会导致监狱环境恶化，可能造成服刑人员自暴自弃而更加怨恨社会。

另外，援助刑满释放人员的机制在不断弱化。刚刚出狱的人员未能获得重返社会的技能，被释放时仅拥有极为少量的金钱。因此，再次犯罪的人数增加，结果又导致监狱运营费用的上升。

图11-2 "社会影响力债券"机制

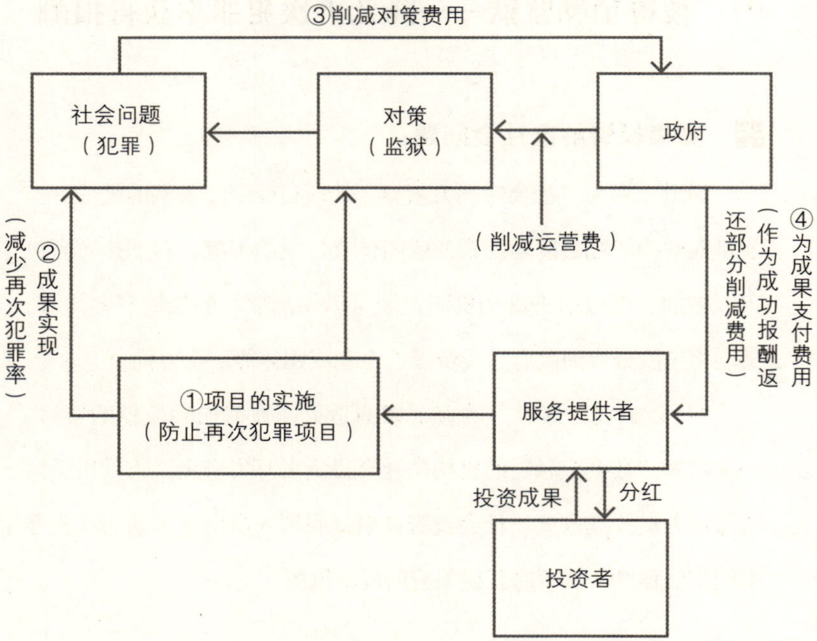

2010年，负责运营彼得伯勒监狱的企业提议，提供面向服刑人员的心理治疗、职业培训、对服刑人员及其家属的援助、提供释放后的生活社区等重返社会援助服务。其目标是通过完善便于服刑

人员融入社会的环境，控制其再次犯罪率。但是，政府没有能力为尚不知是否有效的项目增加支出。因此决定在项目成果显现、再犯罪率下降时，以回报一部分经济效应的名义，向投资者支付成功报酬。实施职业培训等项目需要资金，这由从投资者募集的资金来充当。于是，彼得伯勒监狱以3000名轻罪人员为对象，实施了长达8年的项目，如果再次犯罪率下降7.5%以上，投资者即可从政府获得报酬。再次犯罪率下降10%的收益率被设定为7.5%。根据2014年8月的中期报告，再犯罪率降低了8.4%。于是英国司法部门宣布2015年后将在全国实施这一项目。

综上所述，"社会影响力债券"创造的机制是如果项目能够产生社会性冲击，投资者就能够获得成功报酬。成功报酬来源于"因项目成功而节省下来的费用"。在彼得伯勒监狱，成功报酬即为"再次犯罪率保持不变时的监狱运营费减去再次犯罪率下降时的运营费得到的结果"。通过这一机制，团体和企业都可以发动智慧，积极参与社会问题的解决。此外，愿意为社会做出贡献的人也可以以投资者的形式参与社会贡献项目。

■■ 防患于未然的新模式

现在，"社会影响力债券"已经成为备受瞩目的投资对象，也经常在媒体上亮相。但是，它并不只是单纯的盈利机制。"社会影响力债券"最初的本质是以项目造成的社会冲击为基础的成果报酬型商业模式，并不需要为筹措所需资金而发行债券或股票，这也不是该计划的核心。也就是说，这种做法以成功报酬为基础，除了政府和行政部门之外，还引入民间团体或企业等投资者，得以成为解决社会问题的有效机制。

一般而言，采取预防措施而非对症疗法来解决问题，更能够降低成本，由于可以防患于未然，益处也更大。如果发生了犯罪行为，犯罪者将越来越难以重返社会，受害者也将因此遭受痛苦。此外，还会产生监狱的管理成本。而如果能够防止再次犯罪，则可以避免这一系列的社会成本。因此，政府、非营利团体等与民间企业携手，发挥各自优势来解决社会问题。希望这种方法今后能够扩展到世界各地。

出版后记

现代商业环境可谓瞬息万变，犹如变幻无常的茫茫大海。特别是人们最基本的物质需求得到满足、"断舍离"成为流行语的当今时代，所有企业都不得不将商业创新作为最迫切的课题。

然而随着现代工业的规模化和分工化发展，越来越多的企业却陷入了难以创新的困境。虽然市面上关于商业模式的书籍数不胜数，但将成功模式从其产生和发展的具体环境中剥离出来，只针对单体进行考察，就如同拿着陈旧的航海图摸索前行，很难达到预期的地点。

与地图相比，企业更需要判断方位的指南针和及时捕捉周边状况的天线。本书第1部分结合哈佛商学院教授小艾尔弗雷德·钱德勒、世界最高水平的战略创新大师克莱顿·克里斯坦森等人的经典之作，重新阐释了创新的经过和影响，启发读者打破固有观念，从环境和顾客的视角去寻找创造新价值的机会。

第2部分总结了商业创新的7个线索，并介绍了大量案例。与偏重介绍成功模式结果的以往著作相比，本书更侧重于考察其产生的过程、经营者的思维方式，以及使其成功成为可能的"新现实"等背景内容。

创新其实是在日常工作的过程中产生和发展起来的。能否注意到创新的契机，并做出适当的反应，归根结底要取决于人们如何理解创新，以及关注哪些现象。只要稍微变换视角，便有可能从眼前的工作中发现产生巨大变化的可能。

本书作者山田英二先生是金泽工业大学研究生院教授，负责教授商业创新的相关课程。此外，他还曾就职于多家世界顶级咨询公司，三十余年间，为诸多企业提供创新业务企划及开发相关的咨询服务。书中正反两方面的大量案例均经过作者严格甄选，从不同于以往的角度展现了"商业创新"的内涵。希望读者能从中获得全新的视角，并由此有新的发现。

服务热线：133-6631-2326　188-1142-1266

读者信箱：reader@hinabook.com

后浪出版公司

2018年5月

图书在版编目（CIP）数据

开启创新基因：如何在最饱和的市场找到破局之路/
（日）山田英二著；殷国梁译. -- 成都：四川人民出版
社，2018.8
　　ISBN 978-7-220-10751-1

　　Ⅰ.①开… Ⅱ.①山… ②殷… Ⅲ.①企业创新—创
新管理 Ⅳ.①F273.1

中国版本图书馆CIP数据核字(2018)第088832号

四川省版权局
著作权合同登记号
图字：21-2018-65

Business Model Shiko
Copyright©2015 Eiji Yamada
First published in Japan in 2015 by KADOKAWA CORPORATION, Tokyo.
Simplified Chinese translation rights arranged with KADOKAWA CORPORATION, Tokyo
through BARDON-CHINESE MEDIA AGENCY.
本书中文简体版权归属于银杏树下（北京）图书有限责任公司。

KAIQI CHUANGXIN JIYIN:RUHE ZAI ZUI BAOHE DE SHICHANG ZHAODAO POJU ZHI LU

开启创新基因：如何在最饱和的市场找到破局之路

著　　者	［日］山田英二
译　　者	殷国梁
选题策划	后浪出版公司
出版统筹	吴兴元
特约编辑	郎旭冉
责任编辑	林袁媛　蒋伦智　张　洁
装帧制造	墨白空间·曾艺豪
营销推广	ONEBOOK
出版发行	四川人民出版社（成都槐树街2号）
网　　址	http://www.scpph.com
E - mail	scrmcbs@sina.com
印　　刷	北京京都六环印刷厂
成品尺寸	143mm×210mm
印　　张	7.5
字　　数	140千
版　　次	2018年8月第1版
印　　次	2018年8月第1次
书　　号	978-7-220-10751-1
定　　价	36.00元

后浪出版咨询（北京）有限责任公司 常年法律顾问：北京大成律师事务所　周天晖 copyright@hinabook.com
未经许可，不得以任何方式复制或抄袭本书部分或全部内容
版权所有，侵权必究
本书若有质量问题，请与本公司图书销售中心联系调换。电话：010-64010019

规则颠覆者：

如何赢得用户，占领市场

编著者：[日]内田和成

译　者：宋晓煜

书　号：978-7-210-07565-3

定　价：38.00元

BCG日本前总裁教你转型思考术

利润趋薄的时代，转型再所难免。作者结合数十年的巨无霸企业顾问研究心得，悉数亚马逊、谷歌、Line等企业的成功案例，归纳规则颠覆者的竞争策略。

内容简介

游戏巨头任天堂为何一步步走向败局？电子企业松下如何扼住汽车市场的命脉？日本即时通信软件龙头老大LINE的免费通话如何实现盈利？亚马逊为应对日益崛起的竞争对手，脑洞大开地为用户提供了哪些新体验？

成熟市场上，越来越多的企业需要与销售渠道、成本结构、技术优势乃至品牌形象都不同的对手争夺用户和市场。有些行业因此而彻底消失，有些行业与其他行业融合到一起。传统的竞争策略已经无法解释这种现象。

那些改变了竞争的规则、对手和平台的企业就是本书的主角——规则颠覆者。本书通过正反两个方面的大量案例，提出了全新的考察视角和分类方法，帮助读者读懂规则颠覆者的竞争策略，为自己的企业找到前进的方向和立足的基点，从而在商战中纵横驰骋，进退自如。

理解未来的7个原则：

如何看到不可见，做到不可能

著者：[美]丹尼尔·伯勒斯、

约翰·戴维·曼

译者：金丽鑫

书号：978-7-210-08303-0

定价：68元

纽约时报、华尔街日报、美国亚马逊榜首畅销书

不仅向读者展示了未来科技的趋势，并且把远见力总结为一种可以开发、深化、细化的技能，任何人都能迅速掌握。

内容简介

假如未来是可见的，结果会怎样？投资者会播下财富的种子，等待收获确定性的利润；创业者会调整业务方向，下一个台风口会像航班一样准时到来；理解未来就是理解趋势。须知，趋势有硬趋势和软趋势之分，硬趋势是未来的定数，软趋势是未来的变数。

本书的主旨便是对这两者加以区分。作者所领导的机构是全球久负盛名的预测者，数百次精准预测到大变革，无一失手。本书首次公开作者精准预测的逻辑，以理解未来的7大原则构建"远见力"，甫一出版即登亚马逊畅销书排行榜榜首，受到美国商界精英的热烈追捧。如今，只有少数人具有"远见力"。"远见力"是一种可以开发、细化、强化的技能，跟随本书养成正确的习惯，你也能看到硬趋势。

《深度案例思考法：从怎么可能到原来如此》

著　　者：[日]井上达彦

出　　版：北京联合出版公司

出版时间：2016年2月

书　　号：978-7-5502-6562-2

定　　价：36.00

用案例思考法发现下一个黑天鹅

编辑推荐

这是一本讲述思考逻辑的书，让你能够用最少的案例更具说服力地探究真相；

这种案例思考法是从美国管理学会获奖论文中提炼出的，让你在日常生活中也能做一个学术人；

深度学习的社会，学会严谨的思考问题，让你拒绝二手知识，掌握一手知识，站在行业的顶端。

内容简介

"即使努力也是白费心机"在欧洲表述为"As Likely as a Black swan（像寻找黑天鹅一样困难）"，黑天鹅几乎是"不可能"的代名词。但是，黑天鹅也可能随时会发生，并且每一次发生都会扭转你对于通行法则的信念。那么，如何在寻常事件中发现不可思议的部分？如何在公认的不可能中找到黑天鹅存在的可能性？

作者利用美国管理学会最优秀论文奖的获奖论文，来展示世界最优秀的案例研究范例。这一奖项被称为是管理学界的"奥斯卡"奖。以此来介绍寻找发现黑天鹅的方法，让读者了解案例研究的魅力和能力。

《横向领导力》

著　　者：	[美]罗杰·费希尔
出　　版：	北京联合出版公司
出版时间：	2015 年 10 月
书　　号：	978-7-5502-6265-2
定　　价：	32.00

哈佛大学最受欢迎的职场沟通教程！
只有"一把手"才能领导是职场最大的
误区，你无须拥有高于同事的权力，就
能游刃有余地完成比难更难的事。

著者简介

罗杰·费希尔，哈佛大学教授，"哈佛谈判项目"主任，同时供职于冲突管理咨询公司和剑桥冲突管理咨询集团，为众多的政府部门、企业和个人提供谈判咨询服务。曾出版全球畅销书《沟通力》、《谈判力》。

内容简介

与人合作绝对是世界上最难的事情之一，时间往往在摩擦中白白消耗，分到与自身能力不相称的任务，或是由于某种差异而冲突不断，长达数小时但结果欠奉的会议可以说是司空见惯。有时我们磨合团队所花的时间甚至远远超出完成实质性工作的周期。大多数人宁可多花一些工夫独立完成任务，也不愿意与他人合作。

只有"一把手"才能领导，这是职场最大的误区和陷阱！

罗杰·费希尔，谈判、沟通领域久负盛名的权威专家，汇聚哈佛大学肯尼迪政府学院、哈佛大学谈判项目的核心资源，砥砺七年，终于成就这部职场沟通经典：你无须拥有高于同事的权力，就能游刃有余地完成比难更难的事。